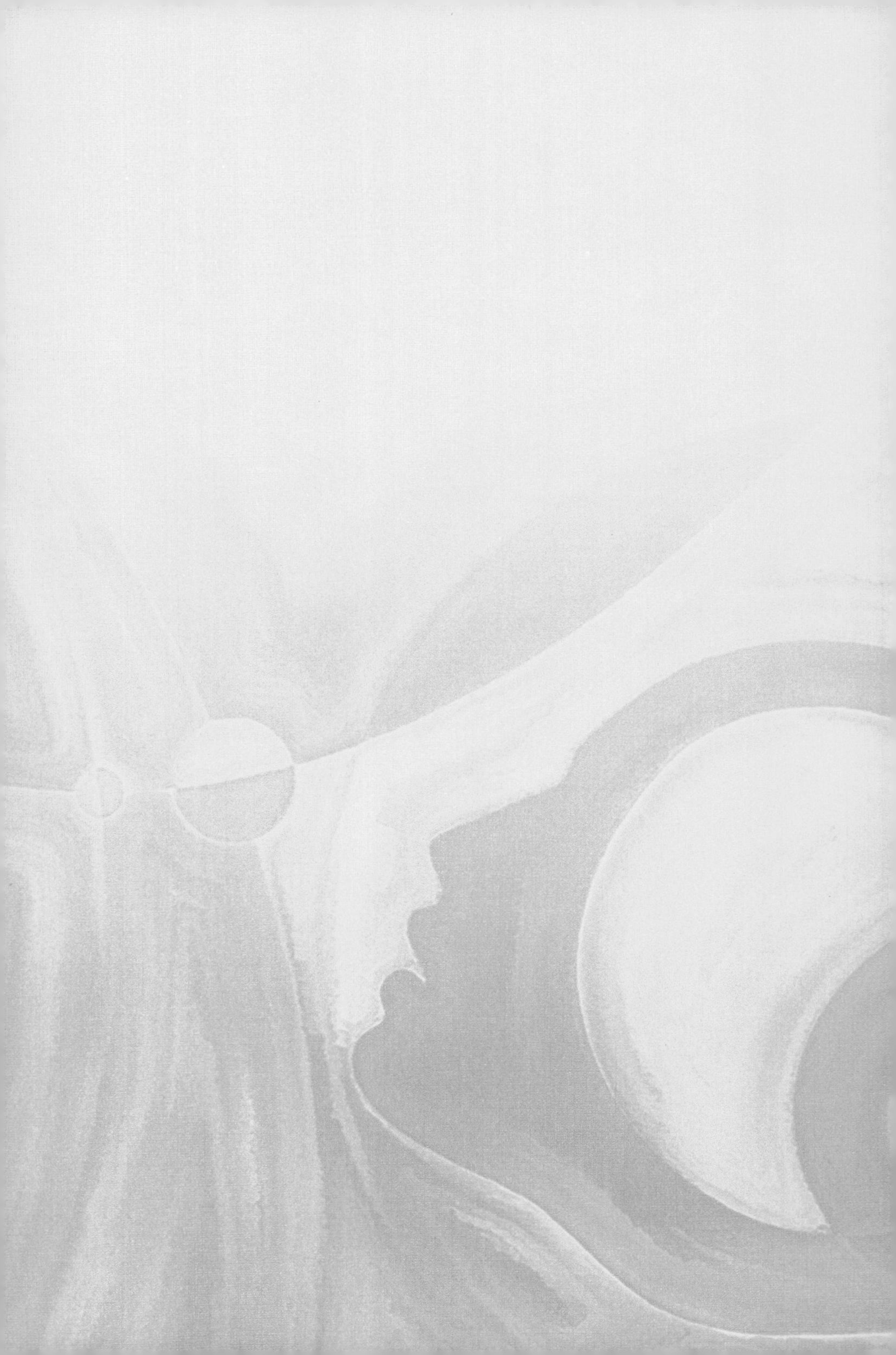

公职人员心理建设指南

陈雪峰 著

科学出版社
北京

内 容 简 介

本书基于心理健康和社会心理的科学研究成果，从科学传播角度，以通俗易懂、生动有趣的呈现方式，针对公职人员群体，以五章共50节内容，阐述心理健康的基本知识、心理健康和身体健康的相互影响、心理健康的影响因素，如家风、工作环境的影响、社会环境的影响、压力管理的技巧、心理障碍的科学应对、保持和提升心理健康水平的方法等，全方位系统传授心理健康知识、理念和技能，有效提升公职人员心理健康素养，促进工作效率提升和生活满意度提升，激励广大公职人员新时代新担当新作为。

本书适合以下人员阅读和参考：各级政府部门工作人员、人民团体成员及家属，各类社会组织成员，企事业单位工作人员及家属，心理服务工作者，以及其他对心理学感兴趣的人群。

图书在版编目（CIP）数据

公职人员心理建设指南 / 陈雪峰著. —北京：科学出版社，2021.3
ISBN 978-7-03-068361-8

Ⅰ. ①公…　Ⅱ. ①陈…　Ⅲ. ①公务员-心理保健-中国-指南
Ⅳ. ①D630.3-62

中国版本图书馆 CIP 数据核字（2021）第 045974 号

责任编辑：孙文影 / 责任校对：何艳萍
责任印制：师艳茹 / 封面设计：润一文化

科 学 出 版 社 出版
北京东黄城根北街 16 号
邮政编码：100717
http: //www.sciencep.com

天津市新科印刷有限公司 印刷
科学出版社发行　各地新华书店经销

*

2021 年 3 月第　一　版　开本：880×1230　1/32
2021 年 3 月第一次印刷　印张：8 1/4　插页：2
字数：224 000

定价：39.80 元

（如有印装质量问题，我社负责调换）

作 者 简 介

陈雪峰 博士，研究员，中国科学院心理研究所副所长，中国心理学会副秘书长。主要从事管理心理学、社会心理学研究，以及心理健康和社会心理的政策研究。主持和参与多项国家科技任务，在核心期刊发表论文 30 余篇，参编专著和译著 10 部。

前　言

为公职人员写一本心理学科普读物的想法由来已久。心理学与国家发展、社会和谐、人民幸福密切相关，心理学研究成果影响和推动着社会生活的方方面面。公职人员作为国家治理的关键力量，学一点科学心理学，对自身心理健康和工作生活中的心理建设、对推进国家治理体系和治理能力现代化都有积极意义。

近几年，我先后参与了22部委《关于加强心理健康服务的指导意见》、10部委《全国社会心理服务体系建设试点工作方案》、《健康中国行动（2019—2030年）》等文件的起草和推动落实工作，越来越感觉到心理学普及工作的重要性，越来越感觉到国家治理体系和治理能力的现代化，首先是承担治理职责的公职人员能力的提升，特别是心理能力的提升。

社会主要矛盾已经发生变化，人民的美好生活需要包括物质需要和心理需要，其中，心理需要是多层面、有规律、可把握、应遵循的客观存在。具体到每一个人，个人的心理素养、家庭的心理氛围、工作的心理感受、社会的普遍心态，都与我们的获得感、幸福感、安全感密切相关。社会的发展需要公职人员在做好自身心理建设的同时，真正从人民的心理需要出发，在社会治理实践中掌握和运用心理规律，指导和改善个体、群体及社会的行为。

本书主要从五个方面展开。第一章介绍心理需要的具体表现，说明为何应从个体、群体、社会等不同层面加强心理建设，揭示矛盾纠纷化解和突发事件应对中的心理规律，并针对当前普遍存在的一些关于心理健康的认识误区、社会乱象进行分析。第二章聚焦个体心理建设，讲解如何正确认识和科学应对心理问题、掌握自我调适方法、采取行动维护心理健康。第三章聚焦家庭心理建设，讲解婚姻关系、亲子关系、家庭教育、亲戚关系中的心理学，以及从毕生发展的视角做好生涯规划。第四章围绕工作中的心理建设展开，通过讲解具体工作方式方法中可以用到的心理学技巧，帮助读者塑造良好的工作关系、提高工作效能。第五章从社会层面的心理建设入手，阐述文化、人际交往、社会信任、网络信息等外部环境对心理的影响，呼吁以生态系统论的整体观来认识和改变我们的社会行为，塑造更加友好的社会氛围。

为保障书稿的科学性和专业性，同时增强可读性，在撰写书稿的两年多里，我曾向多位前辈和同事请教，也曾请多位来自不同岗位的公职人员阅读书稿、提出建议。他们给了我极大的支持和信心。在此一并致谢，表达万分感激之情。还要特别感谢科学出版社孙文影编辑数次阅读书稿、提出修改意见，在本书撰写过程中给予大力协助和支持。

本书的读者群体包括但不限于公职人员。希望读者在阅读过程中能够学习到一些科学的心理学知识，在生活、学习和工作中运用学到的这些知识，在遇到心理方面的困扰时，懂得如何自我调适或如何寻求专业人员的帮助。

虽然已经尽自己最大的努力去写，但囿于学识和能力，一定还会存在各种各样的问题。欢迎读者朋友在阅读此书后通过邮件（邮箱地址为 xydxlx@163.com）将意见和建议发给我。邮箱地址很好记，xydxlx 是“学一点心理学”这 6 个字的汉语拼音首字母。

希望这本书真正对大家有帮助。

目　录

要实现中华民族伟大复兴的中国梦，需要建设一支忠诚、干净、有担当的高素质干部队伍。高素质的干部队伍应该有高水平的心理素养。提升心理健康素养，应当从正确理解和科学应对心理问题入手，从坚持规律生活、正确认识自己、做好情绪管理、克服僵化思维、提高行动力等多方面进行努力，学会从压力应对中获得成长。学习心理健康知识、掌握自我调适方法、采取行动维护心理健康，是有效提升个人心理素养的关键。

家庭是社会的细胞，是每个人成长的起点。家庭环境对一个人的心理健康具有奠基性的影响。安全温暖的家庭环境是孩子心理健康和成长成才的重要保障。婚姻关系、亲子关系、家庭关系、父母养育风格、家庭沟通方式等，不仅影响每一个家庭成员的心理健康，而且影响着孩子的人格发展和学习成绩，影响着成年人的工作绩效，也影响着社会的和谐稳定。家和万事兴，家庭心理建设至关重要。

工作是一个人体现社会价值的主要渠道。人们的心理和行为塑造着工作氛围，同时也受到工作氛围的影响。工作环境中有大量与心理学相关的内容，除了心理健康，还涉及工作动机、工作能力、人际关系、工作效率、工作激励、工作家庭平衡等。加强工作环境中的心理建设，有助于塑造良好的上下级关系和同事关系，增强工作的自我效能感，妥善应对工作压力、有效提升工作效率。

第一章

正心而明道：全面加强心理建设

十九大开启新时代，我国社会主要矛盾已经转化为人民日益增长的美好生活需要和不平衡不充分的发展之间的矛盾。人民的美好生活需要既包括物质需要，也包括心理需要。公职人员学习心理学，了解在个体、家庭、工作、社会等各个层面加强心理建设的意义和方法，懂得尊重心理规律，有效提高自身心理素养，准确把握人民心理需要，把心理学成果科学地运用于社会治理实践，真正提升人民的获得感、幸福感和安全感，这就是在正心明道。

美好生活需要包括物质需要和心理需要

习近平总书记在十九大报告中做出具有划时代意义的重大政治论断："中国特色社会主义进入新时代，我国社会主要矛盾已经转化为人民日益增长的美好生活需要和不平衡不充分的发展之间的矛盾。"①

美好生活需要，这是一个能够带给人温暖和憧憬的表达，更是中国共产党"为中国人民谋幸福、为中华民族谋复兴"的初心和使命所在。

美好生活需要既包括物质需要，也包括心理需要。改革开放为我们奠定了雄厚的物质文化基础，当人们吃饱穿暖、物质需求得到保障和满足后，更高层次的需求日益显现——对美好生活的需要，对民主、法治、公平、正义、安全、环境等方面的需要。这些需要既在物质层面体现着人民的更高要求，更在心理层面体现着人民的更高追求。

心理需要是有规律、可把握、应遵循的。公职人员在生活和工作中如果能够认识到和尊重这些规律，往往会感受到满足、感受到工作更好推动。如果认识不到或不尊重这些规律，往往会吃苦头。

1. 社会主要矛盾的变化

矛盾是事物运动发展的源泉和动力。社会主要矛盾体现着我国的基本国情，贯穿于社会生活的各个方面。对社会主要矛盾进行科学判断，

---

① 习近平：决胜全面建成小康社会 夺取新时代中国特色社会主义伟大胜利——在中国共产党第十九次全国代表大会上的报告. 中国政府网. http://www.gov.cn/zhuanti/19thcpc/baogao.htm[2021-01-10]

是党确定奋斗目标和工作任务的前提。

人的问题是一个根本问题。分析基本国情，首先要关注人的问题。有些人觉得，最近这些年“有心理问题的人越来越多”。对这个现象的理解应当从三个层面进行。首先，从精神障碍和心理健康调查数据看，有心理问题的人在中国人群中所占的比例的确有所增加；其次，心理问题是分层次的，精神障碍属于严重心理问题，还有较轻微的心理行为问题，以及更为轻微的日常心理困扰，这些都可以泛称为心理问题，因此覆盖的人群有所增加。此外，人们在吃饱穿暖后有了更多精神层面的追求，这些追求并不是心理问题，而是客观存在的心理需要，是希望自己变得更好的愿望，是对更美好生活的向往。中国人口规模大，只要有一定数量的人群、表现出一定的心理需要，就会形成规模效应，很容易引起经济社会秩序的连锁反应。因此，人的问题是一个根本问题，人的心理问题更是根本问题。

心理需要与社会发展密切相关，而且往往是经济发展到一定水平心理需要才开始凸显。从新中国成立以来我们党对社会主要矛盾认识的逐步深化和不断发展也可见一斑。

最早是在 1956 年，在那个一穷二白的年代，经济建设是最重要的任务。党的八大报告指出：我们国内的主要矛盾，已经是人民对于建立先进的工业国的要求同落后的农业国的现实之间的矛盾，已经是人民对于经济文化迅速发展的需要同当前经济文化不能满足人民需要的状况之间的矛盾。

直到 1979 年，在中央召开的理论工作务虚会上，邓小平同志指出：“我们的生产力发展水平很低，远远不能满足人民和国家的需要，这就是我们目前时期的主要矛盾。”①

1981 年，是党对社会主要矛盾做出判断的又一个关键年份。党的

① 邓小平. 邓小平文选. 第 2 卷. 北京：人民出版社，1994：182

十一届六中全会通过的《关于建国以来党的若干历史问题的决议》中对我国社会主要矛盾做了规范的表述：在社会主义改造基本完成以后，我国所要解决的主要矛盾，是人民日益增长的物质文化需要同落后的社会生产之间的矛盾。之后，党的十三大报告到十八大报告一直使用这一基本判断。党和国家的一切工作和任务也都是为了集中解决这一社会主要矛盾。建立在这个基本判断的基础上，党和国家稳步推进经济发展，创造了震惊世界的经济发展的“中国奇迹”。

2017 年，党的十九大报告对社会基本矛盾做出新论断，这是重大理论创新和历史贡献。满足“人民日益增长的美好生活需要”成为党和国家事业发展的重要目标。

社会主要矛盾已经发生变化，这是对我国社会发展根本问题做出的重大判断，也是中央制定路线方针政策、确定工作重心的重要依据。中国发展到现阶段，人民的心理需要日益凸显，其与物质需要一起，构成了人民对美好生活的向往。只有深刻领会和正确把握这一点，才可能在工作中结合实际，更好地贯彻落实中央要求。

2. 伊斯特林悖论

我国社会主要矛盾新论断的提出具有充分的现实依据。改革开放四十多年，我国经济一直保持中高速增长，在世界主要国家中名列前茅，2019 年国内生产总值突破 99 万亿元，人均可支配收入超过 3 万元[①]，人民生活不断改善，获得感显著增强。

发展经济是为了让人民生活更幸福。那么，经济水平的提升一定会让老百姓感受到幸福的提升吗？

美国经济学家理查德·伊斯特林（Richard Easterlin）发现，答案不

① 国家统计局数据. http://www.stats.gov.cn/tjsj/zxfb/202001/t20200117_1723383.html[2020-01-17]

那么简单。1974 年，他用美国和其他 11 个国家的数据进行比较，发现一个现象：对个人而言，收入增长的确能够显著提升幸福感。但是，对国家而言，经济增长不一定必然提高国民的幸福感。经济增长与国民幸福感之间呈“U”形关系，短期内幸福感与经济发展趋势基本一致，但长期来看，经济增长对提升幸福感水平的作用是有限的。这就是著名的“伊斯特林悖论”。

伊斯特林悖论的提出引起了广泛关注，各国的心理学家、经济学家、社会学家们都开始关注幸福感的研究，发现虽然各国国情现实、文化传统、政治制度、自然条件、经济发展水平等各不相同，但是在国民幸福感方面，很多国家都出现了伊斯特林悖论现象。

伊斯特林也研究了中国居民的幸福感，他用世界价值观调查（World Values Survey，WVS）数据和盖洛普数据进行分析，发现自 1990 年以来，中国居民的幸福感一直在下降，2000—2005 年最低，随后开始缓慢回升。

也就是说，当一个国家的经济发展到一定水平，再要提高国民的幸福感，就必须要把人民的美好生活需要作为奋斗目标，这也是社会主要矛盾新论断的现实依据。

3. 获得感、幸福感、安全感

党的十九大提出，要“不断满足人民日益增长的美好生活需要，不断促进社会公平正义，形成有效的社会治理、良好的社会秩序，使人民获得感、幸福感、安全感更加充实、更有保障、更可持续”。这一表述更加明确了“美好生活需要”的核心内容。

获得感、幸福感、安全感都是人们的主观感受，这些主观感受从何而来、如何提升？这三种感受之间是什么关系？我国学者王俊秀等采用中国社会科学院和中国人民大学的综合社会调查数据，分析了这三者之间的关系，认为这三种主观感受各有侧重，又互相联系、互相影响。

获得感是一个多维度的概念，不仅仅指获得什么东西。获得感包括一定时期人们在获得环境（公平、安全、反腐、共享、合作等社会环境提供的现实条件）、获得内容（收入等物质条件和成绩、荣誉等成就性成果）、获得体验（需求得到满足时的积极心理体验，如幸福、愉快、知足）、获得方式（努力、刻苦、勤奋等）和获得分享（感恩、乐于助人、同甘共苦等）上感受到的变化。幸福感，主要指一个人在总体上对自己生活的满意程度。安全感则是指在一定社会环境中一个人对于不确定性和不安全的感受。

这三种主观感受各有侧重。获得感和安全感很具体，也更具有情境性，受环境影响比较大。譬如，安全感包括对生命、健康、生活保障、财产、环境、网络等具体方面的感受。而幸福感则是人在一定时期感受到的人生满意与否的体验，更具持续性和人生意义感。这三种主观感受互相影响。在同样的环境下，幸福感高的人安全感也高，安全感高的人幸福感也高。

如何才能满足这三种主观感受？这对社会发展的方方面面提出了要求。获得感与人民的基本民生和物质需要直接相关，也与人民的自我发展、社会阶层中向更高阶层流动的心理需要密切相关。幸福感是不断积累和不断提升的主观体验，也是最为宏观和直接的主观体验。安全感是底线，日常生活中的食品安全、医疗安全、社会安全，乃至互联网时代的网络空间安全，都是提升获得感和幸福感的基础。

4. 全面加强心理建设

满足人民日益增长的美好生活需要，不断提升人民的获得感、幸福感和安全感，需要全面加强心理建设。

心理建设有不同的层次，不能狭义地将其理解为有心理问题才需要心理建设。心理建设是一个多层次的系统。以人民为中心，具体到每一个人，自身的心理建设、家庭的心理建设、工作单位的心理建设、整个社会的心理建设，都与每个人的获得感、幸福感、安全感密切相关。

心理建设首先要提升个体的心理健康素养，使个体成为心身健康的人。其次，每个人都处于一个家庭中，家庭幸福是获得感、幸福感和安全感的重要来源，因此，家庭建设也是心理建设的重要内容。走出家庭，每个人都归属于某一个群体，从年少时期的同学群体、班级群体，到工作以后的职业群体，以及所在的社区或参加的社会群体，总之一定归属于某一个群体。群体、组织的心理建设也是全方位加强心理建设的重要内容。此外，社会文化和社会环境都在对我们每个人的身心健康状况产生影响。社会环境既包括自然环境，也包括社会文明，软硬环境都在发挥作用，因此，社会层面的心理建设也很重要。

心理建设是国家建设的重要组成部分，它贯穿于国家发展过程之中。孙中山先生在《建国方略》一书中，曾提出心理建设是建构现代国家体系的基础："夫国者，人之积也。人者，心之器也。国家政治者，一人群心理之现象也。是以建国之基，当发端于心理。"

加强心理建设，就是要充分利用心理学研究成果，指导和改善个体、群体、社会的行为，提高国民心理素质，促进国民心理健康，维护社会和谐稳定，不断增强国家认同和提升国家凝聚力，推动国家治理体系和治理能力现代化，服务经济发展和国家进步。在社会治理的方方面面都应注重心理建设，真正从人民的心理需要出发，运用心理学的原理创新社会治理实践。

公职人员除了进行自身心理建设，还应在社会治理的工作实践中掌握和运用心理建设。要做到准确把握人民的心理需要、全面加强心理建设，是需要学一点心理学知识的。虽然我们每个人都不一样，但只要人群形成一定规律，往往就会表现出普遍存在的心理特征和普遍遵循的行为规律。心理学的学科目标就是研究这些规律，用以描述行为、预测行为、理解行为和改善行为。学习心理学知识，有助于公职人员真正从人民的心理需要出发，指导和改善个体、群体、社会的行为，有效提升人民的获得感、幸福感和安全感。

心理需要与心理建设

提到心理需要，有人觉得一个人的心理需要看不见摸不着，难以捉摸；有人觉得每个人的心理需要都不一样，没什么规律可言。在心理学研究中，心理需要是一个非常基本和核心的概念，是可测量、有规律、能把握、应遵循的客观存在。我们表现出来的各种各样的心理活动和行为举止，最核心的驱动力就是各种各样的心理需要。就像吃饭、喝水、呼吸、睡眠、排泄，这些生理需要对生命很重要；安全、归属、依恋、信任、尊重，这些心理需要对生命也很重要。心理需要是有特点、有规律的。进行心理建设的前提是掌握和尊重这些规律。心理学研究中有一些理论，系统描述和分析了人的心理需要。了解这些理论，理解心理规律，对我们的生活和工作都有帮助。

1. 人的心理需要是分层次的

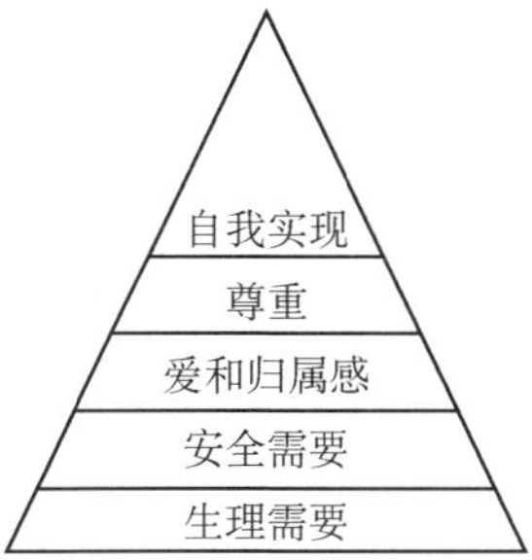

关于心理需要，最有影响力的理论是人本主义心理学家亚伯拉罕·马斯洛（Abraham Maslow）提出的需要层次理论。需要层次理论把人的需要划分为五个层次，呈金字塔形（右图）。金字塔的最低一层是最基础的需要，即人的生理需要，主要指人对空气、食物、水、睡眠、性的需要。比生理需要高一层级的是安全需要，再高一层级是爱和归属感的需要，包括对友谊、家庭、关爱的需要。比爱和归属感高一层级的是自尊和尊重的需要，而最高层级是自我实现的需要。

马斯洛认为，在人的心理需要中，最基础和占绝对优势的是生理需要。只有生理需要得到满足，其他更高层次的需要才会表现出来。换言之，一个连基本的生存和安全需要都得不到保障的人，通常不太可能表现出其他更高层次的需要来。如果公职人员面对着一位基本的生存和安全需要受到影响的群众，却试图说服他去追求更高层次的需要，恐怕这种努力只是徒劳。同样，随着生理需要的满足，人们自然而然地会产生更高层级的心理需要，如果公职人员不关注这些需要，老百姓的获得感和幸福感就会受影响。

马斯洛又把这五个层级的需要分为两类，一类是基本需要，另一类是发展需要。生理、安全、爱和尊重的需要都属于“基本需要”，这类需要的特点是如果没有得到满足，就会凸显出来。因此，他把由此产生的行为动机称之为“缺乏性动机”。如果这些需要得不到满足，就会激发需求，进而引发想要满足这些需求的行为。而自我实现的需要是“发展需要”，不是因为缺乏什么而产生，而是一种自发产生的、积极的、追求人生目的、希望生命更有价值的发展动力。按照马斯洛的估计，大部分人更注重安全、爱和尊重的需要，只有少数人真正以追求自我实现作为生活的主要动机。

如果更通俗地解释需求层次理论，基本需要的满足会让我们知足常乐，而自我实现的动机会鼓励我们积极进取。有一项研究发现，用一些指标进行调查，可以把大学生分为两类，一类更注重外表、更注重别人对自己的评价、希望自己将来能够挣大钱；另一类更关注社会变革和人类发展、更追求自我实现。调查发现，后一类学生的平均考试分数更高。从这个研究结果也可以看出心理需要对人的行为的影响。

2. 人的心理需要是分类别的

马斯洛的需求层次理论主要解释了人的基本心理需要。还有一个理论日益引起关注，是解释与人的社会行为直接相关的心理需要，叫基础社会动机理论。这个理论认为，人类是具有高度社会性的群居动物，人类的生物学使命是生存繁衍。为达到这一终极目标，人类必须应对社会群体生活中可能遇到的各种威胁、挑战与机会，由此产生了与社会行为直接相关的、非常基础的社会动机，并且在进化历程中不断完善，最终形成了一套激发、规划、选择行为的动机系统。我们从成功生存繁衍的祖先那里继承了这套应对基础性社会挑战、促进繁衍和适应的心理策略。

心理学家道格拉斯·肯里克（Douglas Kenrick）等基于进化心理理论，充实并整合了马斯洛的需求层次理论，提出基础社会动机体系，认为人的社会行为主要出于以下 11 个方面的动机：自我保护、疾病防御、群体归属、排斥担忧、独处倾向、地位寻求、伴侣寻求、伴侣维系、分手担忧、关爱家人、养育子嗣。这些基础社会动机是普遍存在的，但并不是每个人在这些指标上都会表现出一定的动机来。通常，在某个时间段，因为自身或外部环境的原因，一个人会在某个或某几个指标上表现出比较强的动机。也就是说，在某个时间段，某种或某几种动机可能处于“激活”状态，这些被激活的动机应受到特别关注。处在激活状态的动机决定着一个人的行为选择。如果一个地区有相当一部分人在某些指标上表现出强烈动机，那么地方政府一定要关注这一现象，分析引发动机的原因，及时调整政策，及时应对。

已经有很多研究发现，基础社会动机是众多社会经济行为背后的深层心理动力，对社会和经济行为有广泛影响。当基础社会动机被激活时，会产生较大的内驱力，影响人和人之间的关系（群际关系），影响人们的从众行为、亲社会行为（对他人、对社会友好的行为）、攻击行为。

在经济领域，会影响人们的投资行为、消费行为、决策行为。尤其当激发基础社会动机的条件持续存在时，这些动机会持续影响一个人以及一个地区人群的相关行为，持续影响社会经济秩序。

对一个地区的居民在某个时间段的基础社会动机，可以通过心理学方法进行调查。特别是在制定与民生直接相关的公共政策时，如果能够提前了解老百姓的基础社会动机等心理特征，将更有利于政策的制定和实施。

3. 人生目的和幸福感

人生目的也是一种心理需要，而且是非常重要的心理需要。追求一定人生目的的人，对社会的贡献更大，自身的幸福感往往也更高。当然，这里所指的人生目的是一种自己认同、社会认可的人生目的。

人生目的不是虚无缥缈、不切实际的幻想。心理学研究认为，人生目的是一个人想要实现的、对自己有意义、对自己之外的世界也有积极影响的一种意图。能够成为“人生目的”的事情，应当是对社会友好的、积极的目的；人生目的不是短期内可实现的，而是贯穿人的一生、更为内在和长期的动机。人生目的存在的重要意义是激励一个人不断生成有目标取向的行为，是为人生指明方向。

拥有一个相对明确的人生目的，对一个人而言是很重要的心理建设。这种心理建设能够给我们带来更多积极的心理状态，能够让我们在情绪状态不佳或者处于比较低的生活满意度时，有更强的心理能力去应对消极状态。人生目的还可以促进一个人的积极心理品质的发展。研究发现，当青少年讨论自己的人生目的时，会更多地提到感恩、乐观、自信、有活力、同情心等积极的方面。而且，人生目的还有利于一个人取得更高的成就。对青少年的研究发现，一个有人生目的的学生，在面对单调冗长的学习材料时，更能进行深度学习，更善于调节自己，更觉得家庭作业有意义。而且，也有研究发现，有人生目的的人收入水平更高。

无论是需求层次理论还是基础社会动机理论，无论是最基本的生理安全需要，还是更高级的自我实现和实现人生目的的需要，我们可以看到心理需要是复杂的、多层次存在的，因此，只有全方位的心理建设才可能满足多层次的心理需要。

全方位的心理建设，意味着应当从个体、家庭、工作、社会的不同层面关注心理规律。每一个人都是自己心理建设的第一责任人。每一个人都应当关注自身的心理健康和心理素养，关注在家庭和工作环境中营造积极氛围，关注为社会做出贡献，从中体验和感受人生目的，获得满足感和幸福感。

作为公职人员，还应该关注自己的工作对象的心理需要，主动学习和了解人民群众的心理需要，尊重人民群众的心理需要，并通过国家治理的具体工作实践去满足人民群众的心理需要，这才是真正的为人民服务。

公职人员还应了解心理需要这个概念还有更深层次的意义，就是能够真正懂得心理需要是行为和工作的基础。有很多人经常觉得自己很委屈，为孩子做很多事，孩子不感恩；为爱人做很多事，爱人不领情；为群众做很多事，群众不理解。其实很可能的原因是你并不知道孩子的需要、爱人的需要、群众的需要是什么。当他非常口渴、需要一杯水时，你给他一瓶一元钱的矿泉水就能够满足他的需求，他会感恩于你的理解；如果你给他十元钱的面包，即使你投入的成本更高，不仅无法解燃眉之急，还得不到对方的理解，甚至有可能激怒对方。

以人民为中心，很重要的就是在生活和工作中有尊重人民心理需要的意识，知道人民群众的心理需要是什么，并且能够满足人民群众普遍存在的心理需要。

| 关注个体心理健康 |

2019 年，习近平总书记在全国组织工作会议上强调，“要教育引导年轻干部强化自我修炼，正心明道，防微杜渐，做到有原则、有底线、有规矩”[①]。正心明道，是一个人提升自我的途径和目标。实现这一目标的重要基础，是一个人应当保持良好的心理健康水平。正如前文所言，心理建设应当从个体、家庭、组织、社会等各个层面展开。千里之行始于足下。心理建设先要从个体做起，而首要的就是提升心理健康。

没有全民健康，就没有全面小康。没有心理健康，就没有全面健康。世界卫生组织对健康有明确定义：健康不仅仅是没有疾病、不体弱，而是一种躯体、心理和社会功能均良好的状态。这一定义将心理健康与身体健康放在了同等重要的位置。那么，到底什么是心理健康？怎样去判断和测量心理健康？如何提升心理健康？

1. 心理健康的定义

中国科学院心理研究所的科研人员在多年研究和工作实践的基础上，提出了心理健康的定义。心理健康是指个体内部心理过程和谐一致、与外部环境适应良好的稳定的心理状态。也就是说，心理健康指一种状态，是一个从心理问题到心理健康的连续体。一个人的心理健康状况可

① 习近平. 切实贯彻落实新时代党的组织路线，全党努力把党建设得更加坚强有力. 紫光阁，2018，8：7-8

能处于这个连续体的某一个阶段。在这个定义的基础上，科研人员开发了心理健康测量指标，包括五个测量维度：认知效能、情绪体验、自我认识、人际交往和适应能力。

2016 年底，国家卫生计生委等 22 个部门共同印发我国第一份心理健康的政府指导意见——《关于加强心理健康服务的指导意见》，该指导意见中推出了心理健康的官方定义：心理健康是人在成长和发展过程中，认知合理、情绪稳定、行为适当、人际和谐、适应变化的一种完好状态。这与中国科学院心理研究所的心理健康定义内涵高度吻合。

2018 年底，我国第一本心理健康蓝皮书——《中国国民心理健康发展报告（2017—2018）》正式发布，引起全社会的广泛关注。多家中央媒体引用蓝皮书的定义、数据和分析报告，全国两会期间有多项提案采用了蓝皮书的研究成果。蓝皮书中的心理健康报告使用了该定义和测量指标及工具。可以说，这个定义以及测量工具、结果已经得到广泛认可。

如果想对自己的心理健康状况做一个粗浅的判断，可以通过下面五个指标的具体说明，来对照分析自己的心理健康状况。

1）认知效能。“认知”是一个很重要的心理学概念。作为人类，我们生存、生活和繁衍的基础是我们有感知觉体验。我们通过视觉、听觉、嗅觉、味觉、触觉等基本感觉通道，从周围环境中获得信息、产生意识，大脑进行注意、记忆、推理、决策等高级认知加工，这些就是人的认知活动。认知功能体现为我们在日常生活中获取和加工信息的能力。如果善于学习、记忆力良好，能够胜任学业、工作和日常生活中的认知要求，则说明认知功能良好；如果不太善于学习、记忆力较差，在学业、工作和日常生活中经常遇到困难，则说明认知功能较差。

2）情绪体验。与“认知”一样，“情绪”也是重要的心理学概念，是我们对周围环境及具体的人或事所产生的、与特定生理活动模式联系在一起的、积极或消极的体验。例如，因生气而血压升高，因尴尬而脸庞发红，因恐惧而剧烈心跳，因感动而湿了眼眶。每个人都会有不同的情绪体验。如果积极情绪体验比较丰富、消极情绪体验较少、能够较好地调节自己的情绪、通常情绪比较稳定，则说明情绪方面比较健康；如果积极情绪体验少、消极情绪体验多、不能很好地调节情绪、情绪经常起伏很不稳定，则说明情绪体验差。

3）自我认识。“自我”是指我们对自己的认识和评价。这是人格心理学的核心概念。与自我相关的一系列研究主题，如自尊、自信、自我评价、自我觉察等研究发现，自我与抑郁、焦虑等心理问题关系很密切。西格蒙德·弗洛伊德（Sigmund Freud）认为，一个完整的人格由本我、自我和超我构成。本我是人最原始的本能冲动，如饥饿、性欲等；超我是社会规范、伦理道德和价值观念等所约束形成的人的社会形象；自我则处于本我和超我之间，不时调节着本我和超我的矛盾。如果没有调节好，人就会出现各种心理问题。人总是会对自己有评价，对自己成为什么样的人有预期。如果对自己的认识比较充分，能够认识到自己的优点和不足，接受、悦纳自己，保持适度的自信和自尊，则说明自我认识较好；如果对自己认识不足，不能全面客观地认识自己的优缺点，在悦纳自己方面有所欠缺，不能保持稳定和适度的自信与自尊，则说明自我认识较差。

4）人际交往。顾名思义，人际交往指在社会交往中能够恰当地处理与他人的关系。人类是地球上最具有社会性的物种。我们从被孕育那一刹那开始就处于一定的社会关系中，人类从大脑结构到社会行为都受社会环境的影响，而人际关系是社会环境中最重要的因素。人际关系问题也往往是心理健康问题的导火索。很多调查都发现，亲子关系、夫妻关系、上下级关系、同事关系、邻里关系等影响着心理健康。如果与家人、朋友、其他人之间的关系比较和谐，能够处理好不同的人际关系，则说明人际交往状况良好；如果在人际关系方面存在较多问题，容易感受到孤独，或者经常与人发生冲突，则说明人际交往状况较差。

5）适应能力。适应能力指当我们的生活中发生了一些事，原有的生活习惯被打破，或者遇到困难和挫折、感受到较大的挑战时，能够适应环境变化和做出恰当应对的能力。近年来，有一些新的研究主题吸引了心理学工作者的关注，如抗逆力（resilience，也译为韧性、复原力、心理弹性）指的就是一个人经历了高压力或逆境，心理和社会功能不仅没有受损反而有所提升。如果遇到事情时能够采用相对有效的应对方式，较少对人和事进行消极评价，对挫折和压力有一定的耐受力，则说明适应能力良好；如果遇到事情时缺乏有效的应对方式，经常对人和事进行消极、负面的评价，遇到挫折和压力时缺乏耐受力，则说明适应能力差。

总之，心理健康与身体健康一样，都是指一种状态，也包括实现这种状态应该掌握的知识和方法。人们很重视自己的身体健康状况，随着国家医疗体系的不断完善、医疗水平的不断提高和自身健康意识的不断提升，人们对身体健康状态、常见疾病及其预防和治疗知识已经有了相当多的了解。相比较而言，人们对心理健康的关注和认识程度还有待提升。

2. 如何测量心理健康

对照五个指标的描述，我们可以粗浅地判断自己的心理健康状况。如果要相对准确地描述心理健康状况，则需要使用科学规范的心理健康量表，科学地确定样本量，设计抽样框，用规范的程序进行测量，然后对数据进行统计分析。

用于测量心理健康的工具有中国心理健康量表（Chinese Psychological Health Inventory，CPHI）。这个量表包括 4 个版本（青少年版、成人版、老年版、残疾人版），每个版本均有常模。常模是一种用于比较的标准量数。在心理学研究中，常模很重要。简言之，就是用科学方法计算出来的某一类人群（如某一个年龄段的人、某一个职业人群等）在某个指标上的平均数和标准差。以成人版 CPHI 为例，经过文献梳理、专家研讨、形成题库、两轮预测试、正式测试等环节，最终形成包括 5 个维度共 62 道题目的量表。各个维度统一采用 C 标准分，以便进行横向比较，以 500 分作为均值，总分可以反映总体的心理健康水平，低分表示心理健康状况异常，高分表示心理健康状况较好。

中国心理健康量表已经得到广泛认可和应用，但还是要强调一下，其不是测量心理健康的唯一标准，心理学研究中还有不少常用的心理健康测量工具。比如应用非常广泛的 90 项症状自评量表（Symptom Check List 90，SCL-90），可以同时对多种心理问题进行测量，包括 9 个心理症状维度：躯体化、强迫症状、人际关系敏感、抑郁、焦虑、敌对、恐怖、偏执和精神病性。SCL-90 可以测查一个人是否存在心理问题、有何种心理问题及其严重程度。但是有很多学者指出，对于没有或只有较少心理问题症状的人群来说，SCL-90 的区分能力不足。另一个广泛使用的工具是常用于鉴别精神障碍人群的明尼苏达多相人格测验（Minnesota Multiphasic Personality Inventory，MMPI），其临床量表的测量维度包括疑病、抑郁、癔病、病态人格、男性女性化、妄想、精神衰弱、精神分裂、双向情感障碍、社会内向等多个方面。这个量表的测验题目较多，测试比较费时。此外，国内心理学研究中常用的心理健康测量工具还有 SF-36 健康状况调查简表（36-item Short Form Health Survey）、一般健康问卷（General Health Questionnaire，GHQ）等。

各种心理健康测量工具都是基于一定的理论或定义而开发的。心理健康并没有一个像“1+1=2”那样放之四海而皆准的定义，这也是心理学研究的特点。心理相关的主题往往很复杂，不同的研究领域、不同的学者、基于不同的理论背景，可能会给出不同的定义。

以心理健康的定义为例，精神医学家和临床心理学家比较关注一个人是否存在心理问题，以及心理问题的症状、综合征、障碍和疾病等，因此通常以是否存在医学上的症状作为衡量心理健康的标准。人本主义心理学家的关注点则不同，更为关注个体的自我实现及潜能的充分发挥，因此会从这个角度去衡量心理健康。还有的研究者关注社会规范。每个社会都有一些行为规范是被大多数人所接受的，如果一个人的行为符合公认的社会行为规范，那么这个人是心理健康的，反之则是不健康的。此外，还有研究者以统计学上的正态分布为标准，根据一个人的心理行为是否偏离某一人群的平均值来区分心理健康与否，当然这个区分的前提是有测量心理健康的指标，而这些指标又往往基于某一种理论。这种标准的优点在于可以使心理健康状态客观、具体、量化，便于比较和分类，易于操作，反映了心理健康标准的相对性。但是，这种标准也存在问题，因为并非所有的心理健康现象都是正态分布的，也不是所有对平均值的偏离都意味着存在心理健康问题。现实生活中一些非常出色的人的行为很可能与众不同，如果根据统计学标准，这些人会被视为异常，因为他们处于正态分布的一个极端上。例如，智力超常是指智力显著高于平均水平，在统计分析中属于偏离常态的极端值，但并不能就此判定智力超常的人是不健康的。

总之，从科学研究的角度，可以从不同侧面界定和分析心理健康。中国科学院心理研究所开发的中国心理健康量表，通常更适用于大样本采集数据和分析描述一定人群总体的心理健康状况，是一个更具有普适性的测量工具。

把握群体心理规律

公职人员是国家的执政基石，是改革发展和社会建设的中坚力量。

公职人员不仅需要做好自身心理建设、提升自身的心理健康水平，还应当多学一些心理学知识，了解和掌握人民群众的典型心理特征和行为规律。这是公职人员开展工作和全面推进心理建设的重要内容。特别体现在以下三个方面：一是对不同人群的基本和共性的心理特征和行为规律，应该有所了解；二是对属于自己工作对象的群体的心理特征和行为规律，应该有所了解；三是对社会矛盾突出领域的重点群体的心理特征和行为规律，应该有所了解。要在了解规律的基础上，尊重和运用规律，指导生活和工作。

1. 普通人群的心理规律

接触过心理学研究的公职人员应该都有印象，无论是问卷调查还是实验研究，都会详细、准确地记录参与者的性别、年龄、教育水平、所在地、工龄等信息。根据不同的研究目的，还会记录与参与者相关的其他一些信息。这些信息非常必要，这是心理学研究不同群体心理规律的基础。某种性别、年龄、受教育水平的人群，往往会有共性的心理规律，也会呈现一些独具群体特点的心理规律。心理学各个分支学科关注的主题虽不一样，但各种各样的研究往往离不开对个体差异和群体共性的关注。当然，心理学研究也非常重视对个人隐私的保护，这些个人信息只会用于科学研究。

性别是最常见的对人群的分类。男性和女性在生理上的性别差异十分显著，但在心理上的性别差异并不像生理差异那么显著。有一篇研究报告总结了 1500 项关于男性和女性的比较研究，结果发现男性和女性各有优势。女孩的言语能力优于男孩，而男孩的视觉/空间能力优于女孩。女孩的计算技能优于男孩，而男孩的算术推理测验能力优于女孩。进入青春期，男孩的反社会行为和暴力犯罪可能性是女孩的 10 倍，而女孩在表达对别人的敌意时，更习惯使用冷落别人、忽视别人、故意破坏别人的人际关系等手段。女孩比男孩更谨慎，男孩比女孩更不愿意顺从。这样的差异还有很多，但是，我们要注意两点：一是没有哪一种性别在社会分工中占有绝对优势，二是男性与女性在心理上的共同点远远大于不同点。

年龄也是很常见的分类指标。心理学有一门分支学科叫发展心理学，是从毕生发展的角度，研究人在不同人生阶段表现出来的典型心理特征和行为规律。公职人员对这一点应该有经验上的认识，但不一定有科学上的认识。身为父母者可能有这样的人生经验：在教育小孩子时忍不住会发脾气，觉得孩子怎么这么笨，两位数的加法学了一个多小时还学不会。对于这个现象要仔细分析原因，有可能是孩子的学习能力和方法有问题，也有可能是家长太急躁、对孩子的要求过高，忽视了孩子在他这个年龄段可能就是这样的水平，孩子的认知发展需要时间和训练。还有的家长担忧孩子比同龄人差。也许的确是比同龄人差，但也有一种可能是孩子比同龄人发育得慢，而不是比同龄人差。如果不清楚原因是什么，很可能无意中对孩子造成伤害。

老年群体也有一些典型的心理规律。我们往往觉得人老了会钻牛角尖，给他们讲道理时听不进去，这与老年人的认知功能下降有关。有一个心理指标叫“认知重评”，指在遇到一件事情时能够从多个角度收集信息、做出评价，在需要改变认知时能够适时调整、做出改变。老年人虽然积累了丰富的人生经验，但是从工作和社会环境回归家庭后，他们日常接触的信息在减少，大脑的认知功能在自然衰退，由此导致在认识一些问题时思维比较局限，认知重评能力下降。这是认知功能自然衰退的表现，不是老年人思想有问题，更不应该对老年人有过多苛责。

心理学已经积累了大量的对不同人群典型心理规律的研究结果，公职人员多了解这方面的科学知识，无论是对自己的生活还是对工作都会有帮助。

2. 工作对象的心理规律

所谓“物以类聚、人以群分”，一定的人群通常会表现出一些典型、共性的心理规律来。不同的职业群体、不同的工作对象，表现出来的典型的心理规律可能有所不同。

巩固拓展脱贫攻坚成果、全面推进乡村振兴是当前重要的国家战略，消除绝对贫困后，相对贫困还会长期存在。以贫困人口为例，了解和掌握典型的心理规律，对巩固脱贫成果、防止返贫等工作有重要推动作用。

扶贫要先扶心。中国科学院心理研究所承担的国家科技基础性工作专项“国民重要心理特征调查”结果显示：农业户籍人口的基本认知能力、创造力、推理能力、决策行为、心理健康等指标得分均显著低于非农业户籍人口；在社会态度指标上，农业户籍人口的集群行为意向高于非农业户籍人口。贫困最终并不是收入问题，而是贫困人口缺少获取收入的能力或机会，与非贫困人口的差距越来越大。

关于贫困产生的心理原因，有一些代表性的理论。资源匮乏理论认为，贫困会导致所匮乏的资源过度占用人们的注意力，表现为认知能力下降，做决策时不懂得多方考虑，更容易出现过度借贷等管窥和短视行为。而自我损耗理论认为，贫困者在做出决策时需要耗费更多的认知资源，自我控制减弱，因此更重视眼下的结果，也体现为短视行为。

中国科学院心理研究所心理扶贫团队在对贫困地区的调研中发现了一些有规律的现象。例如，对贫困户和非贫困户的对比分析发现，贫困户表现出更加短视的决策偏好，更倾向做出冒险决策；贫困户更看重消费支出，认为支出太多导致家庭贫困，而非贫困户更看重收入，认为收入不够才导致家庭经济状况欠佳。对儿童成长情况的调查发现，经济因素的确影响了贫困户对孩子的教育投资意愿，贫困户家庭中几乎没有任何课外读物。对扶贫干部的调查结果显示，总体来看扶贫干部心理健康状况比较乐观，没有严重的职业倦怠现象；大部分扶贫干部认为自己的工作有价值、对自己的工作效率有信心，但是工作热情会经常减退；对待扶贫工作的主要态度是完成任务，主观能动性和对扶贫工作所需要的能力认知度需要增强。心理扶贫团队借鉴这些理论和调研中发现的特征及规律，聚焦探索未成年人心理成长指导模式、乡村居民心理能力提升模式、基层社会心理服务体系建设模式，在贫困地区进行研究和社会实践，取得了明显成效。

提升群众发展能力，不仅需要通过物质援助来进行帮扶，更需要尊重贫困人口和乡村居民的心理特征与行为规律，运用心理学研究成果进行行为干预和引导，激发和提升乡村居民的心理动力。在知识经济和科技创新不断发展的大背景下，传统产业转型升级和新兴产业发展对科技含量的要求越来越高，乡村的未来发展更需要乡村居民综合素质的提升，特别是心理素质的提升。如果不掌握这些心理规律，很难真正打破贫困的恶性循环现象，很难真正实现脱贫和不返贫。

公职人员在面对自己的工作对象时，在面对一些棘手的、与心理相关的问题时，如果能够借鉴或使用心理学的研究结果，往往更容易发现问题的核心所在和解决问题的关键之处，更有助于推动工作。

建设社会心理服务体系

社会发展不仅需要良好的经济、政治、文化、生态环境，也需要良好的社会心理环境。建设社会心理服务体系、培育积极社会心态、塑造文化自信心理，是在全社会层面加强心理建设的不可或缺的内容，也是国家发展的必要组成部分。

1. 社会心理服务体系建设试点

2018 年 11 月，国家卫生健康委、中央政法委等 10 部门联合印发《全国社会心理服务体系建设试点工作方案》，落实十九大报告中提出的要求，在全国启动试点，目标是到 2021 年底，在试点地区逐步建立健全社会心理服务体系，将心理健康服务融入社会治理体系和精神文明建设，融入平安中国、健康中国建设。

社会心理服务体系建设对大多数人而言是个新生事物。即便是需要落实试点方案的地区和部门，也有一部分人尚不清楚为什么以及如何开展社会心理服务体系建设。还有一种普遍存在的认识误区，认为社会心理服务就是心理健康服务，只需要重视有精神障碍、有心理问题的人，只是卫生健康部门的职责。这是对社会心理服务体系建设的片面认识。

社会心理服务体系建设是社会治理的重要内容，是在个体、组织、社会、文化等层面，基于人民的心理需要，通过公共服务和社会服务等手段提供心理服务、引导社会心态、全方位加强心理建设，旨在有效提高个体心理健康素养、提升组织健康发展效能、推进社会治理体系和治理能力现代化。

《全国社会心理服务体系建设试点工作方案》（以下简称试点工作方案）提出，到 2021 年底，试点地区逐步建立健全社会心理服务体系，将心理健康服务融入社会治理体系、精神文明建设，融入平安中国、健康中国建设。建立健全党政领导、部门协同、社会参与的工作机制，搭建社会心理服务平台，将心理健康服务纳入健康城市评价指标体系，作为健康细胞工程（健康社区、健康学校、健康企业、健康家庭）和基层平安建设的重要内容，基本形成自尊自信、理性平和、积极向上的社会心态，并使因矛盾突出、生活失意、心态失衡、行为失常等导致的极端案（事）件明显下降。

试点工作方案还提出了四个工作指标。第一项指标是依托村（社区）综治中心等场所，普遍设立心理咨询室或社会工作室，为村（社区）群众提供心理健康服务。以村（社区）为单位，心理咨询室或社会工作室建成率达 80%以上。第二项指标是高等院校普遍设立心理健康教育与咨询中心（室），健全心理健康教育教师队伍。中小学设立心理辅导室，并配备专职或兼职教师，有条件的学校创建心理健康教育特色学校。第三项指标是各党政机关和厂矿、企事业单位、新经济组织等通过设立心理健康辅导室或购买服务等形式，为员工提供方便、可及的心理健康服务。第四项指标是试点地区 100%精神专科医院设立心理门诊，40%二级以上综合医院开设心理门诊。培育发展一批社会心理服务专业机构，为大众提供专业化、规范化的心理健康服务。利用各种资源，建立 24 小时公益心理援助平台，组建心理危机干预队伍。

可以看到，社会心理服务体系建设是一项系统的社会实践。要完成这些任务、实现这些目标，涉及 20 多个政府部门及社会机构、30 多类服务对象、40 多类服务场所/平台/机构。在这项系统工程的实施过程中，政府、专业机构、社会机构和心理服务对象之间需要密切配合。政府部门的主要任务是提供政策保障、搭建平台、购买基本公益服务。专业机构，特别是心理学及相关学科的科研教学机构，要为社会心理服务体系建设提供专业支持、研发服务技术和评估方法，在提供支撑的同时发现科学问题、开展针对性研究、促进学科发展。社会服务机构，包括社会心理服务类企业、社会组织等，是直接提供社会心理服务的主要机构，在提供服务的同时促进产业发展。社会心理服务的对象，无论是老百姓还是某类组织，在接受服务的同时，也承担着进行效果评估的任务。这项系统社会实践，需要心理学、社会学、经济学、政治性、法学等多学科专家共同研究和推动。

特别需要提到的是，试点工作方案对党政机关的社会心理服务体系建设提出了具体要求。试点工作方案提出“健全机关和企事业单位心理服务网络”，鼓励规模较大、职工较多的党政机关和厂矿、企事业单位、新经济组织等依托本单位党团、工会、人力资源部门、卫生室，设立心理辅导室，建立心理健康服务团队；规模较小企业和单位可以通过购买专业机构服务的形式向员工提供心理健康服务。

还需要强调的是，社会心理服务体系是基于我国国情和实践逐步提出的一个发展中的体系。十七大报告首次提出“注重人文关怀和心理疏导”，十八大报告基本延续这一提法，十九大报告则明确提出要“加强社会心理服务体系建设”，从最初较为狭义的“心理疏导”拓展为更为系统的覆盖全人群的社会心理服务。当前我国社会心理服务体系建设的核心内容是通过心理健康服务来提升人民心理健康水平，促进社会和谐稳定发展；未来应向更全面的、支撑五位一体总体布局的心理建设发展，社会治理方方面面的工作都应注重心理建设，真正从人民的心理需要出发，运用心理学的原理创新社会治理实践。

2. 培育积极社会心态

前面提到的社会心理服务体系建设试点工作，目前主要在个体层面建设服务体系，为个体提供服务。从长远来看，社会心理服务体系建设不仅要在个体层面推开，更要在整个社会层面开展。培育积极社会心态与建设社会心理服务体系密切相关。十九大报告提出的要求是加强社会心理服务体系建设，培育自尊自信、理性平和、积极向上的社会心态。可以说，积极社会心态既是社会心理服务体系建设的目标，也是推进社会心理服务体系建设的条件。

社会心态是什么？我国学者对社会心态的概念进行了界定，杨宜音等认为社会心态是一段时间内弥散在整个社会或社会群体/类别中的宏观社会心境状态，是整个社会的情绪基调、社会共识和社会价值观的总和。从这个概念中可以看到社会心态的构成，其与社会情绪、公众对重要社会事件的共识、社会的主流价值观都相关。

社会心态是在社会发展过程中不断形成的，受到社会文化、政治体制、经济发展、国民素质等因素的影响，在一定阶段内呈现出相对静态的典型特征。对公职人员而言，一方面应了解当前社会心态的主要表现；另一方面更应注重和善于通过公共政策的制定和实施，对社会心态的发展发挥积极影响，并在社会治理过程中引导和培育自尊自信、理性平和、积极向上的社会心态。

社会心态是可以引导和培育的。“社会心态”作为一个研究领域，在我国已经走过三十多年的历程。王俊秀等认为，社会心态研究作为一种研究范式已经初步确立，这种研究范式包括社会心态研究的基本定位、理论基础、机制和应用等。社会心态的研究已经进一步发展，在理论探索、现象描述的基础上进入实践，直接参与社会治理，未来，社会心态理论和实践将直接成为社会发展理论的重要组成部分。

社会心态作为一个社会现象，其引导和培育的核心是公共政策制定。社会心态的形成机制是复杂的，中华五千年传统文化和近现代以来的快速变革，对社会心态的形成和体现有重要影响，这是既成事实，而且是无法改变的。要积极引导社会心态，最有力的方式就是公职人员在公共政策制定和实施中有意识地加以引导和培育。

在引导和培育积极社会心态的过程中要特别重视网络和媒体的影响。新媒体的发展正在影响和改变着每一个人的思维方式、生活方式、行为方式，进而影响着社会心态。善于运用新媒体等传播方式开展工作、发挥影响、引导和培育健康的社会心态，已经成为公职人员工作方式和内容的重要组成部分了。

3. 塑造文化自信心理

文化是一个既宏观又具体的概念。通常认为，文化是人类在社会历史发展过程中所创造的物质财富和精神财富的总和。在社会心理建设中，对个体的心理服务、对社会心态的引导，通常可以在某一个时间段内发挥作用；而长远来看，传承优秀传统文化、塑造文化自信、让社会心理建设的积极成果融入文化并继续传承，是国家发展、民族进步的必要组成。英国文化学家爱德华·泰勒（Edward Tylor）于1871年在《原始文化》一书中提出了狭义的文化定义，认为文化是一个包括知识、信仰、艺术、道德、法律、习俗和任何其他可以由作为一名社会成员的人所获得和表现出来的能力和习惯在内的复杂综合体。换言之，知识、信仰、艺术、道德、法律、习俗等，都是塑造文化自信、传承优秀文化的载体。这些领域与人的心理都有密切关系。这些领域中具有长久生命力、能够推动社会发展的内容，是塑造文化自信的核心。

中华传统文化塑造和影响着现代人的心理。中华传统文化中有很多瑰宝，越了解就越自信、越自豪。潘菽先生是新中国心理学工作的主要领导者，也是中国现代心理学的奠基人之一和理论心理学的开拓者。他致力于心理学基本理论的研究，基本形成了自己的理论体系，对我国的心理学有广泛而深刻的影响。他出版过一本专著《中国古代心理学思想》，对中华传统文化中的心理学思想做了细致深入的挖掘。这本书从人贵论、天人论、形神论、性习论、知行论、情二端论、主客论等几个方面系统阐述了中华传统文化中的心理学思想。这些思想仍然对现代科学心理学发挥着重要的影响。

人贵论在中国古代心理学思想中是很独特的，就是“以人为中心”。中国学者一向把人与天地并列称为“天地人”三才。《尚书·周书·泰誓》中说：“惟天地，万物父母。惟人，万物之灵。”人为万物之灵这一表述一直延续至今。孔子一派的《孝经》中也说“天地之性(生）

人为贵”。这一哲学思想的基本假设与科学心理学的基本假设是一致的。心理学研究人，研究人的知情意，把人看作这个世界中有重要独特地位的生物，重视人的本质特征和所能发挥的独特作用。

天人论，则强调人和环境的关系。以刘禹锡为代表的唯物论的思想家强调，天人关系是指群体的人或整个社会和大自然的关系。这一传统思想对现代科学心理学的指导，就是强调要了解人、理解人，尤其是理解社会中的人，不能忽视天人关系，不能忽视环境对人的影响。

形神论强调的是心与身的关系。潘菽先生在提到“形神论”时颇为自豪。他说，荀况在很早的时候就正确地提出了“形具而神生”（《荀子·天论》），也就是说身体具备了、心理因而产生了，形是第一性的，神是第二性的。而西方心理学从古代以来对心身关系的这个问题，一直没有完全、明确、一致地解决，还在彷徨地沿着二元论的道路徘徊。

性习论关注的是先天与后天的关系。在心理学研究中一直存在这样一个问题：我们现在表现出来的心理或行为特征，在多大程度上是由先天因素影响或决定的，多大程度上是由后天因素影响或决定的？即先天与后天的关系问题。早在先秦和两汉之际，人们就已经开始讨论这个问题。现代心理学既重视先天因素的影响，也重视后天环境的塑造，特别是后天的“习性”，人的心理上的生性只有很少几种，而习性则是大量的，也就意味着其发展的可能性是很大的。

知行论强调知与行的关系。中国古代心理学思想中对知与行的关系历来十分重视，并且进行了热烈的讨论和争论，因此积累了大量的材料，可以让我们明白地了解这个传统思想的发展过程。传说早在商代初期，伊尹就曾告诫商王太甲说“弗虑胡获，弗为胡成？”（《尚书·太甲下》），意思是“不考虑怎么能弄明白，不做怎么能成事”。到了孔子，他很重视学习，但似乎更重视行，认为“行有余力，则以学文”（《论语·学而》）。战国后期的荀况是知行学说中一个很重要的人物，他很重视学习，也很重视行，主张知行统一，就是把行动和认识结合起来。到了汉代前期，唯心论者董仲舒则提出了“知先于行”这一形而上学的看法，他无视行对知的作用。而唐代的柳宗元则认为来源于大自然的人的心理实质有两个方面，前者是意志（行），后者是认识（知）。除了这两端外没有别的了，人只要发挥这两个方面的作用就行了。到了宋代，主观唯心论理学家都片面地主张知先行后。清代王夫之尖锐地批判了过去重知轻行的不正确说法，强调行和知同等重要，但行是主要的，却容易受到忽视。对于知与行的关系学者们还在不断探讨。我们期望的是，在探讨的过程中，能够更加辩证地看待知与行的关系，并以此指导自己的行为和实践。正如习近平总书记所言，“要做起而行之的行动者、不做坐而论道的清谈客”[①]，在常学常新中加强理论修养，在知行合一中主动担当作为。

改革开放对我国当代文化和思想观念产生了重要影响。研究者发现，中国人在传统性和现代性上的变迁趋势表现为从“遵从权威”向“平权开放”，从“孝亲敬祖”向“独立自主”，从“安分守成”向“积极进取”，从“宿命自保”向“尊重情感”，从“男性优势”向“男女平等”转变。最近的一些研究发现，许多传统的价值（如服从、忠诚、孝顺等）在衰落，但也有一些传统价值（如家庭、朋友等）依然非常盛行，一些传统价值（如责任、付出等）在延续甚至进一步上升。了解一段时间内、一定区域内文化的典型特征，有助于公职人员有的放矢地发挥各类载体作用，宣传积极文化，减少甚至消除消极文化的影响。

中国文化博大精深。我们应珍视和传承中国文化中的精华，在社会层面通过建设社会心理服务体系、培育社会心态、塑造文化自信等加强心理建设。

---

① 习近平. 在中央党校（国家行政学院）中青年干部培训班开班式上的重要讲话. 党建，2019，3：4-5

全方位呵护心理健康

心理建设需要全方位加强，但毋庸置疑的是，第一步要提升个体的心理健康，这可以说是一项“系统工程”。要回答如何提升心理健康这个问题，首先要了解哪些因素影响心理健康。简言之，心理健康的影响因素既包括内在的个体因素，也包括外在的环境因素。

1. 影响心理健康的个体因素

个体层面最基本的影响因素是遗传因素。虽然到目前为止科学研究还没有精确地得出结论，哪些基因片段以什么样的方式影响心理健康，但是不断进步的科学研究还是形成和积累了大量研究证据，比如，研究发现心理健康状况与大脑内的神经递质（例如5-羟色胺、单胺氧化酶等）密切相关。

身体健康状况对心理健康有重要影响。绝大多数身体健康方面的问题都与心理健康密切相关。有调查显示，综合医院的初诊病人中，近1/3的患者所患的是与心理因素密切相关的躯体疾病，即心身疾病。常见的有皮肤系统的心身疾病，如神经性皮炎、瘙痒症、斑秃等；肌肉骨骼系统的心身疾病，如腰背痛、肌肉疼痛等；呼吸系统的心身疾病如支气管哮喘、过度换气综合征、神经性咳嗽等；心血管系统的心身疾病，如冠心病、阵发性心动过速、心律不齐、高血压、偏头痛等；消化系统的心身疾病，如消化性溃疡等。心身疾病的发生发展过程受心理因素影响较大，其治疗和康复也需要从生理、心理、社会等多个层面综合进行。

人格特征也会影响心理健康。心理学中的“人格”是一个专业术语，不具有道德判断的色彩，是客观、中性的概念，指一个人的个性特征。心理学家开发了不少测量人格的工具，发现在人格的基本维度中，对心理健康程度影响最大的是情绪稳定性指标。情绪稳定性偏低的人，更容易受到压力影响，情绪调节能力不佳，情绪起伏大，难以保持平静，更易产生焦虑、抑郁等心理问题。

社会经济地位也对心理健康有一定影响。社会经济地位主要以收入、职业、受教育程度为指标。从调查数据来看，收入较低、职业地位较低、受教育水平较低的人，通常在心理健康指标上的得分也比较低，心理问题更多发。

2. 影响心理健康的环境

影响心理健康的环境因素包括家庭环境、工作环境和社会环境。家庭环境对一个人的心理健康具有奠基性的影响，特别是童年早期的成长环境。安全温暖的成长环境是心理健康的重要保障因素。一个在遗传上具有风险因素的人，在良好的家庭养育环境下，心理问题发生的概率可能会大幅度降低。相反，一个童年期遭受躯体虐待、情感虐待、性虐待、被严重忽视的人，不仅成年后抑郁和自杀的风险会增加，罹患人格障碍与精神障碍的风险也会增加。

工作环境既是心理压力的重要来源，也是社会支持的重要来源。工作中的要求越高、时间越紧急、工作任务越有冲突，带来的压力越大；工作中给予的自主性、自我控制感越多，个体感知的压力越小，而且带来的成就感和价值感也是一个人心理健康的重要因素。同时，工作环境中来自上级与同事的支持能够帮助一个人更好地应对工作压力、维护心理健康。

社会环境是普遍影响心理健康的因素。诸如战争、灾难、贫困等不良社会环境对人的心理健康有显著的不利影响。此外，一个人对社会环境的感知也与心理健康紧密相关。如果能够对社会环境产生安全感、公平感，则更有利于保障心理健康。而遭受偏见与歧视的个体，如残疾人、性少数人群等，往往有更高的心理问题风险。此外，作为个体接触社会环境的直接渠道，居住环境、媒体环境也对人们的心理健康有显著影响。

了解到一个人的心理健康受这么多复杂因素的影响，就会知道提升心理健康并不是一件容易的事情。但是我们还是要朝向正心明道、不断提高心理素养这个目标去努力。心理学及健康教育研究中有一种理论叫“知信行”理论，也就是说，首先要了解知识，其次要建立信念，最后要实践行为，这才可能真正提升心理健康水平。因此，掌握心理健康知识、建立心理健康信念、实践心理健康行为是扎实开展心理健康工作、有效提升心理健康水平的“三部曲”。公职人员无论是提升自己的心理健康，还是帮助身边的家人、同事、朋友提升心理健康，都需要从知信行三个方面去努力。对本书的读者而言，你阅读本书的过程，已经是在提升心理健康水平了。

| 矛盾纠纷化解中的心理规律 |

当前，我国正处于社会矛盾凸显期，社会矛盾错综复杂，尤其体现在社会利益矛盾错综复杂。因此，维护社会和谐稳定，重在妥善处理社会矛盾。习近平总书记强调：“遇到关系复杂、牵涉面广、矛盾突出的改革，要及时深入了解群众实际生活情况怎么样，群众诉求是什么，改革能给群众带来的利益有多少，从人民利益出发谋划思路、制定举措、推进落实。”[①]

对于不同的个体，引发其矛盾和利益诉求的起因可能是不一样的，但是如果已经引发了一定群体的强烈利益诉求，那么这些群体往往会表现出一些共性的心理规律。了解这类重点群体的心理诉求，是制定公共政策、化解社会矛盾、识别和预防社会风险事件的前提。社会心理学对群体心理的研究成果可以用汗牛充栋来描述。在妥善处理社会矛盾领域，有一些心理规律应得到特别重视。

以群体性事件为例，研究发现，政府满意度、相对剥夺感、去个体化、速生规范等社会心理因素是集群行为相关的重要心理特征。

1. 政府满意度

对政府满意度的研究有一个发现，人们对中央政府的满意度评价和对地方政府的满意度评价往往不一样，问题的关键是两个满意度之间的差距。如果一个地区的人民对中央政府的满意度很高，对区县、乡镇政府的满意度很低，二者之间的差距很大，那么发生群体性事件的风险就会比较高。

2. 相对剥夺感

相对剥夺感指一个人把自己与他选择的一个参照群体（往往是他身边与他类似的人）比较，如果发现自己处于劣势、不如别人，就会觉得受到了“剥夺”。这种剥夺是相对的，即便他自己的生活已经有了很大的改善，但他更关注与参照群体的比较，而这种横向比较往往会导致其

① 习近平：把抓落实作为推进改革工作的重点 真抓实干 蹄疾步稳 务求实效. 紫光阁，2014，4：8

感觉到“不公平”“受委屈”。公职人员在工作中应重视引导大家从纵向发展的角度看到自己的生活改善、看到自己的收获，而不是只关注横向比较。

3. 去个体化

去个体化指一个人处在群体中时，会被这个群体的目标、意识等影响甚至控制，从而丧失了对自己行为的控制，因此加入人群中，做出情绪化、冲动的行为。有些群体性事件，参与者中有一部分人可能有明确的目的，通常也会有一部分人是由于从众和去个体化的心理规律驱使而参与群体性事件，做出极端行为。而且，有研究发现，群体的规模越大，去个体化的影响就越大。也就是说，群体规模越大，成员越可能会丧失自我意识，把自己的行为归因于情境和群体的影响，而不是自己的选择，道德顾忌和法律约束降到了最低水平，因为他们会认为“法不责众”“每个人都这么干”。

4. 速生规范

速生规范指在社会交往或社会行为中，尤其是在比较混乱的环境中，参与者在短时间内形成的一种心照不宣的规则，引导着这个集群中的成员的行为。在群体性事件中，骨干力量会采取恐吓等手段，配合一些口号、动作、着装等措施，形成速生规范。这种规范会让群体性事件的参与者迅速表现出一致的行为，一方面会导致参与者更认同；另一方面会导致参与者更不敢反对，这种速生规范和形成的标准会让成员感受到压力，即便有不同的意见和情绪也不敢表达出来。

速生规范与去个体化有一定的关联。在群体性事件中，经常会发现有些人采用戴口罩或面具的方式，一方面实现去个体化的目的，因为口罩和面具的掩盖使得个人身份信息越发不明显；另一方面也是一种速生规范的表现。因此，当发现有群体行为的苗头时，通过声音提示参与者注意自己的身份、及时控制和防止人群规模扩大，是预防和及时干预群体性事件的关键。

除了这些共性的群体心理特征，对群体性事件发生地的个案研究发现，群众与官员对当地公共问题的判断存在很大差异，当地公共政策失误和不当行政往往是发生群体性事件的根本原因。群众与官员对同一件事情的看法存在差异，这个是客观存在和可以接受的，因为这两个群体所处的位置和掌握的信息不一样，自然会有认知差异，而充分沟通是缩小认知差异、达成互相理解、避免群体性事件发生的重要前提。

在公共政策制定和实施中，应当尊重和善用心理规律。在这方面，欧美国家比我们更早认识到心理学的重要性。早在 1967 年，著名的《美国心理学家》杂志就曾出版专刊，讨论心理学在国家公共事务管理中的角色和作用。期刊主编撰文倡导心理学家参与公共政策制定。20 世纪 80 年代以来，心理学的研究成果影响了美国公共健康政策、司法政策、环境保护政策以及社会保障政策等多个领域公共政策的制定。在众多为政府提供决策服务的机构（如美国兰德公司、ISR 社会调查研究所、英国战略情报研究中心等）中，心理学家都占有相当的比例。2015 年，美国白宫、世界银行等机构先后通过发布《总统行政令》和《世界发展报告》等方式，回顾和肯定了心理学与行为科学在公共事务管理与公共政策制定中的重要作用和成就，倡导或要求政府运用心理学原理指导和制定更好的公共政策。

近年来，心理学在我国国家公共政策的制定和实施中也发挥了越来越重要的作用，心理学智库研究也越来越引起重视。任何社会事件的发生发展都有其内因和外因，单一的学科很难得出完整的结论，需要不同学科从不同角度来进行探究和剖析。国家治理需要考虑社会中具体的人和群体的心理与行为，政策制定和实施与政策制定者、政策受益者的心理密切相关。将心理学研究与国家治理研究和政策研究相结合，不仅对公共政策制定和实施有益，也是心理学自身学科发展的契机，有助于最大限度地将心理学研究成果付诸实际，为社会做出心理学的贡献。

| 突发事件后的心理应对 |

新冠肺炎疫情是一次典型的突发公共卫生事件，对我们的心理带来多方面的冲击，不仅造成个体层面的恐慌和焦虑情绪，对心理健康产生影响，而且由于打乱了生产生活秩序，对社会稳定、经济发展乃至国际关系都有影响，因此在群体、组织和社会层面产生的心理冲击也比较大。疫情对心理的冲击是有规律的，掌握规律是有效应对的前提。以下从突发事件后的心理应激反应、网络信息对心理的影响、从经历苦难中获得成长三个方面，分析突发事件对心理的影响以及我们如何更好地进行应对。

1. 突发事件后的心理应激反应

绝大多数人在经历重大突发事件时会有焦虑、恐慌等负性情绪，这些都是正常反应，是人类在长期进化中形成的自我保护机制，通过心理应激反应来提醒我们对外部环境保持警觉、及时调整自己去适应环境，而且也能够通过自己的努力去应对这些心理压力。因此，我们应当接纳并允许自己有这些应激反应。当发现自己的心理应激反应比较大时，可以有针对性地采取一些有效方法进行自我调适。如果情绪压力大，可以借助网络平台，学习放松技术，如腹式呼吸、正念冥想等方法；如果认知压力大，应当减少各种信息的影响，少看手机，多读书或做其他有益身心的事情；如果行为方面的变化比较大，应当提醒自己及时调整。

适应这些心理应激反应需要时间，不能心急。通常会经历三个阶段：警戒期、适应期或抵抗期、消退期或衰竭期。疫情暴发之初很多人都处于心理警戒期，恐慌、焦虑、愤怒、失望、委屈等情绪比较普遍。警戒期会持续一段时间，随着疫情防控工作的有效开展，心理应激反应慢慢减弱，人们开始进入适应期或抵抗期，大部分人通过自己的努力开始适应疫情带来的各种不良情绪体验和生活不适，少数人很难适应，身体和心理仍处于抵抗应激的状态。随着时间的推移，第三阶段可能是消退期或衰竭期，适应较好的人，疫情带来的压力会逐渐消退，重建心理和生活平衡；适应不好的人可能进入衰竭期，会感觉很痛苦，正常的生活和社会功能受损，也可能因此而生病。

不是每个人都会经历或同步经历心理应激的三个阶段。人和人的差异很大，不同人受疫情的影响程度也不同。世界卫生组织的调查显示，自然灾害或重大突发事件后，直接受灾人群中约20%～40%的人会出现轻度的心理失调，这些人不需要特别的心理干预，大部分会在一段时间内得到缓解；有30%～50%的人可能会出现中度到重度的心理失调，如果能够及时得到心理干预和社会支持系统的支持，大部分可以得到缓解；约20%的人可能需要长期心理援助。这种情况下，自己解决不了问题，就要寻求专业帮助了。突发事件后的心理援助是专业性较强的工作，实施心理援助的工作者如果没有足够的专业水平，不仅不能帮助受害者摆脱痛苦，而且还可能会给他们带来二次创伤，甚至会给自己带来次生伤害。

2. 突发事件后网络信息对心理的影响

疫情中，我们的心理受很多因素的影响。疫情发展情况、政府应对情况、疫情相关的科研进展情况等关键信息都会在很短时间内引发广泛关注，引起一定的社会情绪。病毒通过多种途径影响着我们的健康，疫情则通过一种途径——信息，影响着整个社会。

在个体层面，疫情对人们的影响主要体现在给个体带来的认知负荷大。人们每天都会接触到大量信息，有些难辨真伪，有些信息在很多平台上传播，反复多次看到。这些有用或无用的信息占用大脑的认知加工资源，导致注意力不集中、记忆力下降、判断能力下降、疑心加重。而且，人们往往会关注极端信息和负面信息，这些信息更容易引发情绪波动。在群体层面，疫情之初由于信息公开不够及时和准确、信息发布不够严谨和规范，引发了非理性恐慌、愤怒以及抢购行为。随着媒体信息的发布、过滤、澄清机制的完善，信息在风险沟通中的积极作用日益体现，疫情防控进展让大家看到了希望，社会层面的负性情绪有了较大缓解。

遭遇突发事件或重大事件时，关注自身安危的我们会特别希望获得外界信息，就像溺水时拼命想要抓住什么东西，而网络信息可以非常便捷地被我们获取到，因此这种情况下“总想看手机”也是正常的心理需求。自媒体、官方媒体以及传统的受众，都可以成为信息的来源或者传播者，甚至不需要是人，可能只是一个“算法”在网络上扮演着人的角色，传递着吸引眼球的信息。信息渠道越来越多，信息越来越杂，在突发事件后大家普遍关注网络信息的基本前提下，网络信息对我们的影响就越来越大。但是，在纷繁复杂的网络信息中，有些信息可以增加我们的控制感和安全感，有些信息只会徒增烦恼和痛苦。在现代网络社会中，个人情绪、群体情绪、公共情绪与社会情绪的边界越来越模糊。

突发事件后，我们首先应当关注主流媒体，获取更为准确的、能够真正给我们带来控制感和安全感的信息。自媒体正在飞速发展，但现实情况是有些自媒体遵循的是信息市场的商业逻辑——营销、流量至上，动辄以标题党和鸡汤文赢得 10 万+阅读量，贩卖焦虑和恐慌、贩卖痛点和笑点，实际上是在违背新闻选择的真实性和客观性等价值标准，加重受众的不良情绪和非理性的社会心态。主流媒体正在不断改进舆论引导方式，及时发声、重视时效、贴近生活。此次疫情中，很多主流媒体在及时发声的同时，设置了举报谣言或假新闻的版块，这也是非常重要和必要的。突发事件后虚假信息的传播往往更为严重，且负面效果会不断扩散。所以，突发事件后，我们对待网络信息的基本心态应当是理性，尽量通过官方媒体获取权威信息，控制每天看网络信息的时间，避免因信息过载而影响认知、情绪和身体健康。

3. 从经历苦难中获得成长

疫情是一次世界人民都不得不面对的大灾难。但是，疫情带给我们的不只是焦虑和恐慌。就在非常艰难的时刻，我们仍然能够看到穿透乌云的缕缕阳光，仍然能够处处看到积极乐观的社会情绪，例如对患病者的同情、对医护人员的信任、对战斗在抗疫一线的各行业人员的感恩，这也是疫情中社会心理的一个表现。

在疫情期间，中国科学院心理研究所的科研人员曾经做过一个网络调查，想知道经历疫情后人们可能会在哪些方面发生积极的改变。调查获得了 1132 名作答者的有效数据，其中 81.2%的人年龄在 19～45 岁。从填答问卷的结果看，这次疫情也给民众的生活和心理健康带来了一些积极改变，例如，民众更加注意锻炼身体、更加注意个人卫生、作息更加规律；还有一些深层次的影响，如重新认识家庭的重要性，更具大局意识，更能感受到人间真爱，更能认识到个人工作对于社会的意义。这就是经历苦难获得的成长。

经历苦难或应对压力时，我们可以学习一些自我心理调适的方法，像前文提到的放松技术等。在这个过程中，我们还应该相信自己的心理韧性。心理韧性是一个心理学概念，指的是让自己积极的心理能力发挥作用，给自己信心和力量。心理学研究发现，有些孩子出身贫穷、家庭破裂、父母患病、艰难成长，但他们仍然可以很好地学习，很好地适应家庭和学校生活，并最终实现社会意义上的成功人生。很多人在生活中经历了暴力事件、丧亲、疾病甚至肢体残障，但他们并没有从此笼罩在沮丧和悲痛中，而是走出创伤阴影，适应新的生活。心理韧性就像是人类在进化中形成的一种自我保护的本能，当环境发生变化时，可以帮助我们进行调整和适应。心理韧性涵盖的因素很广泛，如自尊、自我效能、自律、乐观、积极行动、热情、情绪稳定、计划能力、问题解决能力、良好的人际关系、社会责任感等。这些人类自身具有的潜能，是帮助我们战胜困难、走出逆境、获得成长的信心和能量。

经历苦难或应对压力时，我们"不是一个人在战斗"。当有需要时，我们可以从个体、组织、社会、文化等各个层面获得资源。这次疫情发生后，我们通过电视、网络等平台学习心理健康知识，居家隔离期间家人们关心关爱和互相支持，社区工作人员、下沉干部以及志愿者们为我们解决了很多生活困难，我们从新闻媒体报道中获取有用的信息、体验到感动、感受到力量，这些都是社会支持系统在发挥作用。社会支持系统为我们提供了抗击疫情的物质支持和心理支持。

2018 年我国启动的社会心理服务体系建设试点，就是一个多层面、相对完善的架构。社会心理服务体系的核心是针对不同人群的不同需求，提供有针对性的心理服务，既包括突发事件后对个体的心理危机干预和更为长期的心理援助，也包括常态生活中对个体的心理咨询、对普通人群的心理健康教育和科学知识普及，以及更宏观层面的社会心理疏导和社会心态塑造。

磨难不会压垮我们。做好心理建设，我们一定能够从磨难中获得成长，有更大的勇气和更强的能力迎接挑战、创造美好。对个人是这样，对民族也是这样。一个民族是有记忆的。中华民族多灾多难、历经沧桑，仍然坚强挺立、走向复兴，因为我们没有忘记历史上的苦痛和教训，而且在抗争和奋斗的历程中积淀了爱国、包容、求实、进取等价值追求，成为中华民族不断发展、不断进步的精神支柱。我们在应对疫情的这场人民战争中积累的社会心理建设新经验，一定会融入文化并继续传承，汇聚成推动国家发展、民族进步的精神力量。

| 还可能用到的心理学 |

心理学是一门科学，虽然有着漫长的过去，但只有短暂的历史。漫长的过去，指的是心理学脱胎于哲学，古希腊哲学家们在两千多年前已经提出了很多心理学问题，例如人的本质是什么、知识是如何获得的、身体和心智的关系是什么等。短暂的历史，指的是 1879 年德国心理学家威廉·冯特（Wilhelm Wundt）在莱比锡大学建设了第一个心理学实验室，开始用定量和可重复的方法研究感觉、知觉、思维、意识等心理学基本问题，标志着心理学成为现代科学中的一门独立学科。

心理学是一门自然科学与社会科学交叉的科学。心理学家亨利·格雷特曼（Henry Gleitman）对心理学的描述是“横跨了从生命科学为一端到社会科学为另一端的所有领域”。心理学研究可以划分为三个层次：一是微观层次，即神经生物学层次，主要探索大脑或神经系统产生心智的机制；二是中观层次，即个体层次，探索个体的行为和心理活动，以及发展过程中的心智结构及功能特点；三是宏观层次，即社会层次，主要研究人与社会的交互影响，以及不同社会文化环境中心智活动的差异。三个研究层次决定了心理学既有非常微观和科学的实验研究，也有从宏观角度进行的准科学的调查研究以及理论研究。

心理学跟很多学科一样，有不同的分支学科，这些分支学科大致可以分为两类：基础学科和应用学科。基础学科是支撑心理学学科体系发展的基础，通过发现规律、提出理论、发表论文、培养学生来支撑学科发展。应用学科是心理学服务国家、造福人民的重要领域，与社会生活的各个方面都有关系。西方科学心理学的发展比我们早，在社会发展的关键时期发挥了重要作用。110 多年前研发的“比奈-西蒙智力量表”至今仍在多个国家使用；100 多年前在美军第一纵队和第二纵队所做的上百万人次的测试，奠定了军事心理学的基础；90 多年前埃尔顿 · 梅奥（Elton Mayo）在工厂开展“霍桑实验”发现的管理心理学原理至今仍然指导企业管理实践。1957 年苏联第一颗卫星上天，震惊了美国，在心理学家的推动下，美国开展了大规模课程改革，奠定了美国科学领先的基础。20 世纪 70 年代以来的种族问题、代沟问题等复杂尖锐的社会矛盾，20 世纪以来越来越受到关注的心理健康问题、老龄化问题等，既需要心理学家给出答案，也在推动着心理学的发展。

在我国，心理学是一门一级学科。心理学日渐成熟，正在建立整体的研究框架，学科分支也越来越细，特别是应用研究分支学科已经深入到了社会生活的各个领域。公职人员了解心理学分支学科的基本情况，在工作中如果有需求，会更明白向哪个分支学科、哪个领域的心理学专业人员寻求科学支持。

1. 与健康有关的心理学

2020 年 9 月 11 日，习近平总书记在科学家座谈会上提出“四个面向”的要求，即坚持“面向世界科技前沿、面向经济主战场、面向国家重大需求、面向人民生命健康”[①]。人民生命健康包括心理健康。心理

① 面向世界科技前沿 面向经济主战场 面向国家重大需求 面向人民生命健康 不断向科学技术广度和深度进军. 人民日报，2020-09-12（001）

学中与健康有关的分支学科主要有临床心理学、咨询心理学、医学心理学、生理心理学等。

临床心理学关注个体和群体的心理问题研究，为严重心理障碍（包括人格障碍）的治疗提供相关心理学知识，也运用这些知识理解和促进个体或群体心理健康、身体健康和社会适应。

咨询心理学关注个体日常生活的一般性问题，以增进其良好的心理适应能力，主要是运用心理学知识理解和促进个体或群体心理健康、身体健康和社会适应。

医学心理学与临床心理学和咨询心理学不同，主要研究医学领域中与健康和疾病相关的心理学问题。例如，心理因素对人类健康与疾病的影响、心理因素在心身健康相互转化过程中的作用和规律等。医学心理学包括病理心理学、药理心理学、护理心理学等，与临床和咨询心理学有交叉。

还需要提到的一门基础学科是生理心理学，它是研究人的心理活动的生理基础和脑机制的学科。这是一门与时俱进的分支学科，随着心理学、生物学、神经科学和新技术的发展，生理心理学研究正在从行为水平向神经生物学水平发展，行为神经科学正在兴起。这门基础学科为健康心理学等应用学科提供了重要的生物学基础知识。

2. 与成长有关的心理学

心理学很重视从毕生发展的角度研究人。不同年龄段的人群，往往表现出不同的、特定的心理特征和行为规律，对我国的教育、劳动力市场、消费、养老等行业和产业产生着影响。与之相关的分支学科有发展心理学、教育心理学、人格心理学等。

发展心理学是研究一个人从受孕到死亡的整个过程中，经历的连续或变化的各种现象，从中分析人的一生如何发展变化、体现什么心理特征与行为规律。这个庞大的学科希望通过对人类从小到老的毕生发展的研究，帮助我们向更积极的方向发展。发展心理学有狭义和广义之分。狭义的发展心理学是指一个人从小到老成长发展过程中的心理发展。广义的发展心理学涵盖多个分支学科，如儿童心理学、老年心理学、比较心理学（又称动物心理学）等。

教育心理学是研究人的心理与行为改变规律的科学。从起源上说，教育心理学是心理学与教育结合的产物。学生和教师都是教育心理学的研究对象，一方面研究学校教育情境中学生“学”的心理规律，同时也研究有效指导这种学习的教师的“教”的心理规律。可能很多人认为教育孩子就是心理学，实际上这些在科学研究中是有区别的，发展心理学更注重研究发展的内在规律，教育心理学更注重研究教育教学的规律，它们各有侧重、互相联系和支持。

人格心理学则研究一个人的性格、信念、价值观等特有的心理特征和行为模式。每个人都有一定的特殊性，体现在动机、态度、能力、兴趣、价值观等方面，是具有动力一致性和连续性的完整的自我。人格是相对稳定的，能够预测人的行为倾向，因此也是心理学这个大家族中很重要的一门分支学科。

3. 与社会和文化有关的心理学

前面提到的心理学的分支学科主要关注作为个体的人，还有一些分支学科更侧重从相对宏观的层面研究人，如社会心理学、文化心理学等。社会心理学是一门很有趣的学问，大概也是心理学分支学科中最贴近社会现实和影响社会发展的学科。翻开一本社会心理学的教科书，你会发现社会心理学的研究主题丰富多彩。人是如何扮演自己的社会角色的？他人和环境对人的心理行为有什么影响？我们如何解释自己和别人的社会行为，如何归因？人和人之间为什么会有友谊、为什么会产生爱情？我们是如何发挥社会影响又如何受社会影响的？为什么会有偏见和歧视行为？文化是如何影响我们的？社会心理现象十分复杂，既涉及社会文化层面，又涉及个体层面；既涉及群体与个体的意识层面，又涉及群体与个体的无意识层面。

4. 心理学中的问卷调查

很多人一提到心理学就会想到填问卷。心理学研究的确要做问卷，但绝不是只做问卷就可以完成心理学研究。问卷法只是心理学研究方法中的一种。与之相关的分支学科有心理测量学和心理统计学。随着科技的发展，心理学的研究方法越来越多样化。对一个心理学问题的研究，往往会从分子、细胞、神经网络、脑区等不同水平上，从个体、群体、社会等不同层次，运用基因检测、神经科学技术、行为实验、计算建模等方法，系统开展研究，完整地解释这个问题。

在上述研究方法中，问卷法最被人熟知，也最被人误解。问卷法绝不是随意编写几个问题就可使用。问卷法是通过严格设计的研究问题、向研究对象收集数据的一种方法。研发一套问卷的前提是已对某个研究主题进行了深入的文献研究，有时还需要先通过访谈法为编制问卷提供定性研究基础。调查问卷可以是封闭式问卷（有明确选项）、半封闭式或开放式问卷（包括自由填答的问题），对问卷的回答可以是“是否”选项，也可以是根据内容进行选择，通常更多使用的是心理测量的方法，例如在完全同意到完全不同意之间进行选择。发放问卷时要按照抽样调查法的要求进行样本抽样框的设计，对问卷结果的分析要根据研究问题、样本等选择恰当的统计检验和处理方法。

现在网络上经常会有一些心理测验，如何判断心理测验的科学性成为一个挑战。

首先，不能一概而论地认定网络上的心理测验都是不科学的。现在有很多科研人员会通过网络进行问卷测试、收取数据。而且，随着信息技术的发展，通过网络方式开展心理学研究的情况越来越多，也催生了很多专门研发和提供网络测试系统的企业。此外，一些商业化运营的网络心理测验，也越来越重视心理测验的科学性，特别是在国家加大知识产权保护后，开始重视和尊重版权。企业投入了研发成本，开发的测验或许是能够保证科学性的。

那么，如何去判断网络上的心理测验是否科学呢？在面对一个网络心理测验时，请关注一下这个测验的研发人员或研发机构是不是科研和教学机构。专门用于科学研究的网络心理测验，通常都会说明是用于科学研究、数据保密。对于其他类型的网络上的心理测验，如果你真的非常想试试，那么请一定告诉自己，这只是个游戏。

5. 其他应用心理学科

心理学的分支学科还有很多。工程心理学、管理心理学、职业心理学、消费心理学、军事心理学、网络心理学等，这些都可以纳入应用心理学的范畴。当前，心理学的应用正在延伸到更加广泛的社会领域，例如全球气候变化、恐怖袭击、灾害和突发事件、人口老龄化等。心理学对我国社会发展的影响会越来越大。与其他自然科学不同，心理学的发展对经济的发展依赖较大。我国心理学家曾分析过心理学与经济和科技发展的关系，发现心理学发展晚于经济发展，并服从“S”形模型，即心理学起始时发展较慢，然后进入快速发展期，最后又将是缓慢的发展。同时，有两个原因可能使得一些国家的心理学发展偏离“S”形模型：一是特殊的政治形势可能抑制甚至阻碍心理学的发展；二是科技发展使得心理学领域不断拓展，在平稳发展后进入到新的发展阶段。中国心理学的发展由于受“文化大革命”的影响，一度处于停滞状态，改革开放后进入稳定发展期。随着我国进入新时代，社会主要矛盾发生变化，人民的心理需要日益多元化，科技发展为心理学服务社会提供了更多可能，可以预期我国的心理学在应用研究和服务社会的领域将会发挥更大作用。

学会辨别真伪心理学

科学心理学经历了一百四十余年的发展，我国的科学心理学在改革开放以来也经历了快速发展，形成了很多对经济社会发展和国防安全有重要作用的成果，也培养了一支日益壮大的心理学专业人才队伍。但是，大家也会有一些困惑。譬如，在机场或高铁站的售书亭里，会看到很多标有醒目的“心理”字样的著作，但是仔细查一下作者的信息你会发现，在心理学的教学或科研机构里，或者在中国心理学会这样的学术组织中，找不到这些人的名字。在电视台或电台的节目，甚至是娱乐节目中，也活跃着一些号称“心理学家”的人，在学术组织或专业机构里同样找不到他们的名字。还有更多的所谓心理学家活跃在网络上，尤其是在自媒体越来越发达、走入全媒体时代的今天，有很多标榜自己是心理学家或心理学大师的人，开设网络专栏、出版专著、开班授课、销售网络课程等。如果你想看看他的简历，要么找不到，要么会发现这些人往往没有接受过心理学专业训练。归根到底，由于社会公众对心理学的需求非常大，而绝大多数真正的心理学家正在从事默默无闻的科学研究，而不是科学传播，于是社会存在着“供给无法满足需求”的巨大鸿沟，一些所谓的心理学家、心理学著作、心理学理论、心理学方法、心理学机构就出现了。我们不能给所有的这些情况都贴一个“伪心理学”的标签，但如果说大多数是伪心理学和伪心理学家，恐怕并不为过。心理学是一门生机勃勃的学问，也是一门遭受重重误解的学问。伪心理学更是火上浇油、误导大众。这也是写作本书的主要原因之一，公众应当知道什么是真正的、科学的心理学。

1. 大众心理学、科学心理学和伪心理学

大众心目中的心理学和科学共同体中的心理学，不是同一种心理学。大众心理学和科学心理学最根本的区别在于：大众把个人的生活经验与心理学画上等号，而科学心理学是一门需要专门学习和研究的学问。大众通常依据个人所经历的事情和获得的经验，往往依据个别的例子就做出判断，把自己的个人生活经验称之为心理学。而心理学家所研究的心理学不是依据个人经验、个别例子得出来的。科学心理学主要是依据大样本数据和可以重复验证的结果，提炼出来的规律性的知识。这是大众心理学和科学心理学最本质的区别。

伪心理学通常都会冠以一些看起来很科学、正确、积极向上的词语，如心灵、能力、成长、净化、智慧、奉献、卓越等。我们无法从这些词语本身判断它们是伪心理学，但是如果认真观察，还是可以发现伪心理学的一些共性特征。

伪心理学宣传的内容中通常都会强调一些人们觉得无助的“心理需要”。首先是身患疾病时的无助心理。伪心理学的课程或产品往往会宣称对各种疾病都有“显著效果”，特别是恶性肿瘤等一些现代医学很难治愈的疾病。其次是遭遇重大生活事件、丧亲、失业、破财等情况时的心理需求。再次是遭遇心理行为问题或精神障碍时的心理需求。由于社会公众对心理问题的科学认知还有待提升，在遇到这些问题时，很多人做不到去医院求治或找专业机构、专业人员求助，而是向这些伪心理学家求助、求解脱。此外，还有人际关系问题，如婚姻关系不和谐、婆媳

关系不和睦、亲子关系出问题时的心理需求。另外，有的人受不劳而获心理影响，期望听完一节所谓的“成功”课程就能获得财富、获得成功、获得别人的尊重。也有一部分人，仅仅是想给自己的不努力找个解释或借口，于是就在一次又一次的培训、一次又一次的学习中投入金钱和时间，但最终一无所获。

伪心理学对心理需求的解释和提出的解决方法，往往与科学差之千里。前面提到的这些需求，有些是纯粹的心理需求，希望更好地了解自己；有些伴随着物质需求，希望摆脱现在的生活工作状态，有更好的物质条件；还有一些是内在与外在并存的现实需求，如希望改进夫妻关系、挽救婚姻，同时也能把自己从情绪的深渊中解脱出来。这些需求的产生原因本来是多种多样的，伪心理学家往往极具归纳性，把产生这些需求的原因归结为心灵、归结为前世、归结为地球之外的不可知不可控的力量。还有一些伪心理学家的解释极具迷惑性，披上宗教或科学的外衣，用宗教语言或科学语言，如图表、指数、分析图、仪器等来证明自己的产品多么科学。

伪心理学对心理需求的描述和解释都不是他们的真正目的。他们费这么大力气做这些事，都是为了进入到第三阶段——谋利。他们在巧妙地利用着大众的心理需求，利用着生病后的无助、择业时的彷徨、失业后的茫然、失恋时的空虚、爱人出轨后的痛苦、一夜就能暴富的幻想或者仅仅是对分析自己和了解自己的好奇，然后用夸张语言和猎奇手段，宣扬伪心理学的东西，根本目的只有一点——谋利。有一个伪心理学培训，号称研发出一台仪器，可以检测出人的大脑和心灵中的所有问题，可以检测出夫妻关系问题，可以在检测的同时释放电波去治疗和解决这些问题，为证明这台仪器的“科学性”，还画出很多煞有介事的图表，写出各类指数，包装得非常科学，但从理论到方法都经不起任何推敲。伪心理学家介绍这台仪器的唯一目的仍然是挣钱。

这些伪心理学家害人不浅。他们对人的心理需求进行错误归因、给出错误方法，导致很多人把辛苦所得的收入投入黑洞。有些受害者因为疾病或生活事件，已经承受了极大的痛苦，还被这些所谓的“大师”们麻醉，耽误治疗，造成不可挽回的损失。更有甚者，有些“大师”使用黑暗、濒死体验、涉黄等具有心理刺激性的方法和活动，伴随着强音响、强灯光等物理性的高强刺激，给参加培训的人带来瞬间的情绪影响，使用集体呼喊、集体舞动等方法，阻断参加培训的人的理性思维，在短时间内催生群体一致的非理性行为，对参与者的身体和心理健康造成很大的伤害。

我们每个人都有心理需求，都有满足需求的动机，因此应该都学一点心理学知识，这样才能擦亮眼睛，认清楚伪心理学的真面目。

2. 为什么心理学家的话总是很难懂

即便没有伪心理学家的副作用，要理解心理学也不容易。例如，老百姓产生一个心理方面的问题，总是希望心理学家给出肯定的回答，但心理学家往往会说“可能”“大概”“在一定程度上”。如果你向一位真正的发展心理学家请教应该给自己的女儿报钢琴班还是芭蕾舞班，这位发展心理学家通常不会告诉你应该报哪个班，而是会给你讲如何发现孩子的特长和尊重孩子的兴趣，再结合课外班的条件，综合分析以后再做决定。而且在讲述这些“道理”的过程中，他说的很多词你可能听不懂。

为什么心理学家就不能给出一个肯定的结论呢？这也与科学心理学的基本要求有关。心理学家认为，人的行为都是在一定概率上的表现，都具有不确定性。心理学研究只是在提取一个整体（如某一类型人）的共性特征，但这些共性特征不一定能够准确预测这个群体中的某一个个体的心理活动或行为表现。整体特征不可能等同于个体特征。这就是心理学家在很多问题上不可能给出肯定答复的主要原因。如果他要给出肯定答复，也只能说：他确定这件事一定不是那么肯定的。

为什么心理学家说的很多话老百姓听不懂呢？心理学是一门科学。科学，就意味着要遵守科学的标准，要有一套属于学科自身的严谨的术语体系，这样才可以让研究者们在共同的术语体系上开展研究和重复验证。在心理学领域，我们通常会对一个名词给出“操作定义”，这个定义就是对某个名词限定了理解范围，大家在这个基础上从不同层面开展研究。这一点是非常重要的，否则，研究就会变成“扯皮”。由于有科学的标准，有术语的要求，因此，心理学研究中的人格、态度、认知、价值观等这些词，跟我们在日常生活中的理解是不一样的。接受科研训练的科学家们，习惯了使用术语解释心理学问题，反倒常常遗忘或忽视了这些词的常识性理解。

在这方面，心理学背负了额外的“委屈”。一个人如果听不懂数学问题，会觉得是自己学问不高、听不懂，还会觉得不好意思，但如果听不懂心理学问题，就会认为是心理学家有问题，心理学家应该觉得不好意思。实际上，由于心理学的学科分支越来越细，属于不同分支学科的心理学家在介绍自己的研究成果时，彼此间也可能会听不懂，更何况是没有心理学知识积累的老百姓。毕竟，心理学的各个分支学科都是专门的学问，有专门的教育体系，需要长期的学习和积累。

3. 加强心理学的科学传播

自 1879 年诞生以来，科学心理学已经形成了很多很有智慧的研究成果。中国的心理学在改革开放以来也经历了稳定发展，进入成果日益丰富的阶段。心理学作为一门与社会发展和人民生活息息相关的学问，有很多研究成果对指导我们的生活现实有重要意义，不应该束之高阁或只成为心理学家所追求的真理，而应该成为对社会有益、让公众共享的学问。

时代的发展和社会的需求对心理学家提出了新的要求。心理学家在埋头从事科学研究的同时，也要抬头看看公众的现实需求，花一些时间和精力进行心理学的科学传播，让大家对心理学这门科学有正确的认识。了解科学的心理学知识，是一个人维护心理健康和提升心理健康水平的前提。就像我们要维持身体健康，需要从饮食、生活习惯、运动、营养、情绪、生活环境等多方面加以关注一样，要维护心理健康，也需要对影响心理健康的个人因素、家庭因素、工作因素、社会环境因素等都加以关注。

要成为一个真正自尊自信、理性平和、积极向上的人，需要学习一些科学的心理学知识，了解自己的认知能力、情绪状态，能够恰当地发挥认知和情绪管理能力，能够履行自己的社会功能，在遭遇心理问题时能够及时、正确地做出判断并采取恰当的应对行为。

第二章

修身且立德：提升个人心理素养

要实现中华民族伟大复兴的中国梦，需要建设一支忠诚、干净、有担当的高素质干部队伍。高素质的干部队伍应该有高水平的心理素养。提升心理健康素养，应当从正确理解和科学应对心理问题入手，从坚持规律生活、正确认识自己、做好情绪管理、克服僵化思维、提高行动力等多方面进行努力，学会从压力应对中获得成长。学习心理健康知识、掌握自我调适方法、采取行动维护心理健康，是有效提升个人心理素养的关键。

高素质干部队伍应有高水平心理素养

高素质干部队伍要做到综合素质过硬，首先需要有高水平的心理健康素养。心理健康素养包含三个要素：知识、意识、技能。心理健康素养水平高，意味着既懂得心理健康知识，又有重视心理健康的意识，并且能够掌握和运用心理学方法、技能，有效地维护自己的心理健康。有人认为，学一些心理健康知识，自己的心理健康水平就会自然而然地提升。这是片面的认识。研究发现，心理健康知识得分与心理健康水平没有显著相关，而心理健康行为与心理健康水平显著相关。也就是说，仅仅知道更多心理健康知识，并不等于一个人的心理健康水平更好，一定要把对心理健康的重视转化为具体的维护心理健康的行为，才能真正促进心理健康。

与身体健康相比，大家对心理健康的重视还远远不够。提到心理健康时，往往首先会联想到心理问题，甚至有些人认为心理问题是思想问题或道德问题。心理问题是应当科学对待的健康问题，是一个人身心愉悦、健康发展的前提。有心理问题时寻求专业帮助，是对自己负责任的表现。没有心理问题时也可以寻求心理咨询，这样能让自己更好。

一个人心理健康素养的提升，以及整个社会心理健康素养的提升，都需要一定的时间和过程，但大家首先需要真正认识到心理健康的重要性，真正开始采取行动。2008 年，卫生部提出了中国公民应当掌握的 66 条健康素养。通过大力开展健康教育和健康促进工作，大力宣传健康知识、倡导健康行为，使得人民群众的健康素养和健康水平明显提升。2018

年，国家卫健委结合中国科学院心理研究所开展的心理健康素养研究，编制了通俗易懂的“心理健康素养十条（2018 年版）”，目的是让全社会都关注心理健康，真正提升心理健康。以下就是心理健康素养十条以及每条的具体表述。掌握这些知识和方法对提升心理健康素养很重要。

1. 心理健康是健康的重要组成部分，身心健康密切关联、相互影响

一个健康的人，不仅在身体方面是健康的，在心理方面也是健康的。

心理健康是人在成长和发展过程中，认知合理、情绪稳定、行为适当、人际和谐、适应变化的一种完好状态。

心理健康事关个体的幸福、家庭的和睦、社会的和谐。心理健康与身体健康之间存在着密切的关联。

一方面，心理健康会影响身体健康。例如，消极情绪会导致个体的免疫水平下降。癌症、冠心病、消化系统溃疡等是与消极情绪有关的心身疾病。

另一方面，心理健康也受到身体健康的影响。例如，慢性疾病患者的抑郁焦虑等心理疾病发病率比普通人群更高。长期处在较大的压力下而无法有效疏解，对心理健康和身体健康都会带来不良影响。

2. 适量运动有益于情绪健康，可预防、缓解焦虑抑郁

运动是健康生活方式的核心内容之一，对于心理健康也有帮助和益处。

运动尤其是有氧运动时，大脑释放的化学物质内啡肽又称快乐激素，不仅具有止痛的效果，还是天然的抗抑郁药。

太极拳、瑜伽等注重觉察和调整自身呼吸的运动有助于平静情绪、缓解焦虑。

运动还可以提升自信、促进社会交往。

坚持适量运动，每周三到五天，每天锻炼 30 分钟以上，对于预防和缓解焦虑抑郁更为有效。

如有必要，可寻求医生和专业人员的帮助，根据自身情况制定运动方案。

3. 出现心理问题积极求助，是负责任、有智慧的表现

出现心理问题却不愿寻求专业帮助是常见而有害健康的表现。

不愿求助的原因包括：认为去见精神科医生或心理咨询师就代表自己有精神心理疾病；认为病情严重才有必要就诊；认为寻求他人帮助就意味着自己没有能力解决自己的问题；担心周围的人对自己的看法等。

其实求助于专业人员既不等于有病，也不等于病情严重。相反，往往是心理比较健康的人更能够积极求助，他们更勇于面对问题、主动做出改变、对未来有更乐观的态度。

积极求助本身就是一种能力，也是负责任、关爱自己、有智慧的表现。出现心理问题可求助于医院的相关科室、专业的心理咨询机构和社工机构等。

求助的内容包括寻求专业评估和诊断、获得心理健康知识教育、接受心理咨询、心理治疗与药物治疗等。

4. 睡不好，别忽视，可能是心身健康问题

睡眠质量是心身健康的综合表现。

常见的睡眠问题包括入睡困难、早醒、夜间醒后难以入睡、经常噩

梦等。

睡眠不良提示着存在心理问题或生理问题，是心身健康不可忽视的警示信号。

多数睡眠不良是情绪困扰所致，抑郁、焦虑等常见情绪问题都可能干扰睡眠。

焦虑往往导致入睡困难，抑郁则常常伴随着失眠早醒等问题。

另一方面，睡眠不良会影响心理健康，加重心理疾病。睡眠不足会损害情绪调控能力，使负面情绪增加。

5. 抑郁焦虑可有效防治，需及早评估，积极治疗

抑郁症和焦虑症都是常见的心理疾病。

如果情绪低落、兴趣丧失、精力缺乏持续两周以上有可能患上抑郁症。抑郁症可导致精神痛苦、学习无效、工作拖延，甚至悲观厌世。抑郁症患者具有较高的自杀风险，需要及时防范。

焦虑症以焦虑情绪体验为主要特征。主要表现为无明确客观对象的紧张担心、坐立不安并伴有心跳加速、手抖、出汗、尿频等症状。

公众要提高对自身情绪健康的觉察能力，及时寻求科学的评估方法，有问题尽早求治，防止问题加重。

抑郁症、焦虑症可以通过药物治疗、心理治疗或两者相结合而治愈，及时治疗有助于降低自杀风险，预防复发。

6. 服用精神类药物需遵医嘱，不滥用，不自行减停

药物治疗是针对许多心理疾病常用而有效的治疗方式之一。

精神类药物种类繁多，药物在用量、适用范围与禁忌、副作用等方面各有特点，精神类药物必须在精神科医生的指导下使用，不得自己任

意使用。

某些药物的滥用可能会导致药物依赖及其他危害。在用药期间，要把自己的实际情况及时反馈给医生，尊重医生的要求按时复诊，听从医生的指导进行药物类别及用量的调整。

在病情得到有效的控制后，应继续听从医生的用药指导，不可急于停药。自己任意调整药量甚至停止用药可能带来病情复发或恶化的风险。

药物具有一定的副作用，其表现和程度因人而异，应向医生沟通咨询，切不可因为担忧药物的副作用而拒绝必要的药物治疗。

7. 儿童心理发展有规律，要多了解，多尊重，科学引导

儿童心理发展包括感知觉、认知、语言、情绪、个性和社会性等方面，各有其内在发展规律。

在存在普遍规律的同时，不同的儿童在发展的速度、水平、优势领域等方面存在差异。养育者需了解儿童发展特点，理性看待孩子间的差异，尊重每个孩子自身的发展节奏和特点。

越是早期的发展阶段，对一生心理特征的影响就越大。如果儿童压力过大、缺乏运动、缺乏社交，将不利于大脑发育，阻碍心理成长。

儿童心理发展是先天因素与环境因素的共同作用。家庭是最重要的环境因素，良好的家庭氛围有益于儿童的身心健康。惩罚是短期有效但长远有害的管教方式。比奖惩更有效的，是理解并尊重孩子的情绪和需求，科学引导。

养育者需要管理好自己的情绪，在养育孩子的过程中不断地学习、反思和成长。养育者要把握好尺度，既要支持引导，又不要急于干预。在儿童发展中，有些所谓的“问题”其实是成长过程常见的必然现象，会随着孩子的成长而逐渐消失。

养育者有时可能会夸大或忽视孩子的问题，要开放地听取他人的反

馈，或向专业人员求助。

8. 预防老年痴呆，要多运动，多用脑，多接触社会

老年痴呆是一种发生于老年期的退行性脑病，目前尚无特效药物能达到治愈效果，所以早期识别和干预尤为重要。

老年痴呆主要症状包括记忆退化乃至影响生活、难以完成原本熟悉的任务、难以做出决策、言语表达出现困难、性格发生变化等。通过认知功能评估可早期发现老年痴呆。

健康的生活方式有助于预防老年痴呆。老年人要多运动、多用脑、多参与社会交往，包括保持规律运动的习惯、增加有益的户外运动、保持学习与思考的习惯、积极进行社会交往等。

9. 要理解和关怀精神心理疾病患者，不歧视，不排斥

人们对于精神心理疾病的恐惧和排斥很多是出于对疾病的不了解。

实际上，精神心理疾病在得到有效治疗后，可以缓解乃至康复。

因此，精神心理疾病患者经过有效治疗，症状得到控制后，可以承担家庭功能、工作职能与社会角色。

把患者排除在正常的人际交往和工作环境之外，是不必要的，也是不恰当的，会为患者及其家庭带来新的压力。

对于能够维持工作能力的精神心理疾病患者，为其提供适当的工作和生活环境，有利于病情的好转和康复。

10. 用科学的方法缓解压力，不逃避，不消极

面对生活中的各种压力，人们会采取不同的方式进行缓解。

需要注意的是，有些减压方式看起来当时能够舒缓心情，但弊大于利，是不健康的减压方式。例如，吸烟、饮酒、过度购物、沉迷游戏等方式。虽然当时可能带来心情的缓解，但是也可能带来更多的身心健康和生活适应的问题。

通过学习科学有效的减压方式可以更好地应对压力，维护心身健康。

第一，调整自己的想法。找出导致不良情绪的消极想法；根据客观现实，减少偏激歪曲的认识。

第二，积极寻求人际支持。选择合适的倾诉对象，获得情感支持和实际支持。

第三，保持健康的生活方式。采用适量运动和健康的兴趣爱好等方式调节情绪。

判断什么是科学的减压方式，主要是看这种方式是否有利于更好地应对现实问题，是否有利于长远的身心健康。

普及心理健康知识和学会自我调适方法只是提升心理素养水平的第一步。每个人的心理健康状况都受很多外界因素的影响，我们的家庭关系、工作情况、所处的社会群体和社会文化的影响，都在无时无刻地发挥作用。从这些层面了解各种因素对我们心理健康状况的影响和作用机制，也是提升心理素养的必要组成。

公职人员的心理压力

每个人都会在生活中遇到压力比较大的时候。各个行业的从业人群都会遇到与职业相关的一些典型压力，公职人员也不例外。作为国家治理的重要实践者，公职人员为经济发展和社会进步做出了巨大贡献，同时也承担着极大的压力。公职人员往往是公共权力的掌握者和公共资源的支配者，本来应当是拥有相对心理优势的一个群体，但是由于全面深化改革对领导干部能力提升的要求不断增加，全面从严治党和反腐败带来的威慑也在增加，由此也带来了一定的心理压力。2011 年，中纪委、中组部、监察部联合印发《关于关心干部心理健康提高干部心理素质的意见》，要求从注重科学管理和人文关怀、提高心理健康服务水平入手，关心干部心理健康、着力解决干部心理问题。那么，公职人员的心理压力主要有哪些，如何提升公职人员的心理健康呢？

1. 从数据看心理压力

《 2015 年度人力资源和社会保障事业发展统计公报》显示，截至 2015 年底，全国共有公务员 716.7 万人。此外还对近 90 万名群团机关事业单位的工作人员参照公务员法管理。这个群体中有相当一部分人是公职人员。

与其他人群一样，公职人员群体中也有一定比例的人存在心理健康方面的问题。首先需要说明的是，存在心理健康问题不意味着有精神障碍，心理健康测查得分比较低不意味着心理健康状况一直差或永远差。在分析调查数据时，要考虑样本量、调查指标的选择、调查的具体实施等因素的影响。调查数据可以作为参考，供调查者了解一定时间和背景下公职人员在心理健康方面的状况和存在的客观需求，但不应据此为所有公职人员贴标签，认为这个群体心理不健康或这个职业可能导致心理不健康。

2004 年，中国人力资源开发网发布《中国“工作倦怠指数”调查报告》，报告显示：与其他职业相比，公务员中有 54.88%的被调查者出现了工作倦怠。工作倦怠是指由于持续的工作压力和消极情绪体验造成的身心疲惫的状况。2005 年，中国人力资源开发网公布行业心理健康问题报告，指出公务员队伍中有 29.3%的人有心理健康问题，仅次于金融业（33.7%）和家电业（30.9%）。2012 年，中央国家机关职工心理健康咨询中心对 20 个中央部委共 2500 名职工进行了一项与压力有关的调研，结果显示有 63.3%的职工认为自己承受着中等程度以上的压力。

2016 年底至 2017 年底，中国科学院心理研究所在金融系统公务员和没有注明类别的普通公务员群体中开展调查，样本共 9721 份，其中男性 5781 人，占 59.5%；女性 3940 人，占 40.5%。对这个群体的工作压力源、心理健康状况、工作满意度和生活满意度的调研结果显示，公务员群体整体上心理健康水平良好。但是，有 5%的人焦虑水平比较高，5.5%的人抑郁水平比较高，10.2%的人压力水平比较高。用五个指标考察心理压力源，分别是职业发展前景压力、工作任务压力、角色模糊压力、人际关系压力和生活问题压力。总体来看，被调查者中男性在工作任务、角色定位、人际关系和生活问题上体验到的压力都高于女性，而生活满意度水平低于女性。在抑郁、压力等心理健康指标上，男性高于女性。此外，不同年龄段的公务员在五个心理压力源指标上的得分不同，26～40 岁年龄段的公务员在各个指标上体验到的压力是最大的，这个年龄段公务员的工作满意度水平也是最低的。也就是说，在生活满意度上，年纪越轻，生活满意度水平越低。

公务员来自不同地域、不同级别的群体，每个公务员的压力感受是不一样的。2012 年，国务院发展研究中心人力资源研究培训中心组织实施了“公务员工作压力与心理健康专题调查”。样本覆盖全国 30 个省（自治区、直辖市），包括从中央到县乡的 2015 名各级别公务员。调查显示，关于“对自己心理健康的总体评价”，表示“不满意”或“很不满意”的占 12.3%。其中，东北地区的公务员的心理健康水平显著高于其他地区；省级单位公务员的总体心理健康水平显著高于中央、地市、县和乡镇公务员。有 48.8%的公务员认为工作压力大，43.6%的公务员认为压力一般。其中，东部地区的总体压力感显著高于其他地区；任职16～25 年、年龄在 40 岁左右的中青年公务员队伍压力最大。县级单位和乡镇单位的公务员的工作倦怠水平显著高于地市级、省属和中央部属单位的公务员。

2. 公职人员提升心理健康水平的途径

就工作压力来说，公职人员并不是一个特殊的职业群体。实际上，任何一个职业群体都会面对工作压力、都有一定比例的人群可能有心理健康问题。因此，不能把公职人员特别是官员群体“妖魔化”，认为这个群体或这个职业是“高危”的。但是，也不能忽视对这个群体的心理健康状况的关注。国家在发展，心理需求在日益凸显，各个职业群体的心理健康都应当受到关注，包括公职人员群体。

一个人的心理健康水平受个人因素的影响，受所处的工作生活环境的影响，也受所处的自然和社会环境的影响。换言之，要提升公职人员的心理健康水平，应当在个人、组织、社会等不同层面开展工作。

在个体层面，最重要的是进行心理健康科学知识普及和心理健康自助技能训练。掌握心理健康知识不代表就有比较高的心理健康水平，重要的是掌握心理健康的一些自我调适技能，这更有助于提升一个人的心理健康水平。个人的心理健康水平还与人际关系、家庭关系等相关，这部分内容将在后面的章节中详细介绍。

在组织层面，为提升公职人员的心理健康水平，可以做的事情有很多，特别是以下几个方面。

1）对公职人员的心理健康状况和心理健康服务需求进行调查研究，这是了解现状和了解需求的最直接、也是最有效的方法。不同的部门、不同的群体所表现出来的心理健康水平往往是不一样的，他们对心理健康服务方面的需求也是不一样的。虽然一次调查不太可能了解全面的情况，但是一个设计科学、指标合理的调查能够帮助我们掌握基本情况、指导工作计划的制定。

2）在公职人员在岗培训中增加心理健康方面的知识和技能的传授。心理健康相关的知识和技能，通常不是一次讲座就可以全部传授的。如果能够针对中央、地方或某个部门、某个行业、某个系统的公职人员，针对这些具体群体的具体需求，研发有针对性的心理健康相关知识和技能培训，就可以通过教学、通过科普来更有效地改善公职人员的心理健康状况。当前各级组织和人事部门越来越重视公职人员的心理健康，在干部教育中也开设了心理学课程，但是并没有重视细化需求、进行有针对性的课程研发，授课内容往往是普适性的，其作用也就打了折扣。

3）建设可以为公职人员提供心理健康服务的平台。如果条件不允许，也可以通过政府购买第三方服务等方式，由社会机构为公职人员提供心理健康服务。

4）建立心理问题转介平台。大多数人在工作和生活中遇到的是心理方面的困扰或烦恼，有些问题随着时间的流逝会自行消退，有些问题通过与朋友和家人的沟通可以得到缓解，只有极小部分问题持续了比较长的时间，给个体带来极大痛苦，无法通过个人的努力消除，这种痛苦有可能转化为比较严重的心理行为问题，甚至可能发展为严重精神障碍。还有一些极端情况，如出现自杀或极端事件、对周围人群的心理产生影响，这时候应该及时给予其心理危机干预，避免事态扩大或影响蔓延。严重心理问题、心理危机干预都需要专业人员介入。因此，建立转介平台或转介渠道，在亟需时可以迅速联系到专业人员，尽快开展危机干预，也是党政部门应当重视的一项工作。

在社会层面，应当营造有利于公职人员心理健康的政策环境和文化环境，引导公众正确看待和对待公职人员群体。十八大以来反腐力度空前，为了加大惩戒，媒体也加强了对贪腐分子的贪腐行为和忏悔的报道。

一方面这些报道起到了警示作用；另一方面，会对一些群众的心理产生冲击，为公职人员贴上“贪腐分子”的标签，增加公职人员的心理压力。我们应该从社会整体层面引导群众全面和正确地认识公职人员，避免给公职人员增加额外的心理压力。

正确认识心理问题

从数据来看，公务员群体总体上心理健康状况良好，但是我们不能忽视占一定比例的抑郁、焦虑、高压力的人群。在整个社会层面，心理行为问题的发生率仍在不断提高。科学应对心理问题还是应当得到重视。而要做到“科学应对”，首先需要正确理解。

心理问题不是思想问题，更不是道德问题，而是需要科学对待的健康问题。心理问题是一个泛称，根据严重程度的不同，心理问题可以细化为心理困惑、心理行为问题和精神障碍。这三种问题之间并不截然区分，而是一个从轻微到严重的连续体，但不是说心理困惑一定会发展为心理行为问题，或者心理行为问题一定会发展为精神障碍。及时干预、及时治疗，可以在这个连续体的任何一个阶段，让人有机会摆脱痛苦、恢复健康。在人群中，绝大多数人感受到的心理问题往往是心理困惑，只有极少数人可能罹患精神障碍。

正确理解心理问题，还有一点很重要，就是应当避免对心理问题的“污名化”。社会对心理问题有很多错误的认识，很多人发现自己可能有心理问题，但不能正确对待，不敢主动求治，导致延误最佳时机，最后造成无法挽回的后果。

1. 心理问题不是思想问题

如果一个人身体健康有问题，感觉到不舒服，他会向领导请假，及时去医院看病，也会跟同事打声招呼，有些工作可能需要大家分担一下，回到家也会得到家人的关心。

但一个人心理健康有问题，能够发现自己有心理问题、愿意正确面对问题，并且及时向专业人员求助，这种情况还没有成为大多数。事实上有很多人如果发现自己可能有心理问题，更多时候会选择默默忍受，最后导致耽误自己，从心理行为问题发展到精神障碍，或者因为不敢与别人沟通及获得支持，而最终采取一些极端行为，给自己及他人带来痛苦，甚至危及生命。

对心理问题的误解还有很多。有人认为自己生下来就心理不健康，或者认为是父母把自己养成一个内向、抑郁的人。还有人认为自己的心理本来很健康，是生活压力和社会不公平导致自己心理不健康，都是社会的责任。这些在本质上是对心理健康影响因素的片面认识。

心理健康是我们身体和生活的一部分，而且是必不可少和越来越重要的一部分。心理问题是需要科学对待和解决的健康问题。心理健康是一种状态，就像身体健康一样。身体健康需要日常生活中多方面注意，例如饮食要健康有节制、要注意锻炼身体；天冷多穿衣、酷夏防中暑；如果感觉身体不适，就要赶快就医，避免拖延导致“病入膏肓”。而心理健康也一样，需要在日常生活中多加注意，培养自己良好的生活和行为习惯，预防和避免出现心理问题。当出现心理问题，感觉很痛苦、自己无法处理时，一定要向专业机构求助。这是对自己负责任、有智慧的表现。专业机构包括精神专科医院或综合医院的专科门诊、教育机构对外提供服务的心理咨询平台、社会上的心理咨询机构等，后文对此会有介绍。

2. 心理困惑、心理行为问题和精神障碍

心理问题可细化为心理困惑、心理行为问题和精神障碍。

（1）心理困惑

人群中绝大多数人面对的心理问题往往是心理困惑，是每一个普通人都可能遇到的生活烦恼。这些问题往往是偶然发生的，或者只是短暂出现，烦恼或困惑一阵子后，问题可能随着时间的流逝自然消失。也可能通过与亲戚朋友沟通交流，很快就得到释然。有条件的，也可以向专业人员求助，几次心理咨询就解决了问题。这些都是很轻微的心理问题，就像心理上的一次“小感冒”，因此称之为心理困惑。

（2）心理行为问题

人群中有一小部分人可能会发生心理行为问题。有些是因为生理原因，有些是因为个性使然，也有些可能是生活中遭遇了突然的变故，也有可能是这三种因素中的某几种同时产生影响，导致出现心理行为问题，这类问题比心理困惑要严重。有心理行为问题的人往往比较痛苦，很想解决，也会努力想办法去解决。

美国心理学会曾经在 1994 年给出定义，认为心理行为问题（mental illness）是指某种具有临床诊断意义的行为、心理症状或模式。具有临床诊断意义，意思就是在临床上可以区分出有没有患病。

与心理困惑不同，心理行为问题有一些典型特征。比如，有很痛苦的症状，或者失去了某种能力，可能是心理方面的能力，也可能是行为方面的能力。而且，心理行为问题有发展的可能，有可能会更痛苦、严重丧失自由甚至有死亡的危险。通俗地描述，心理行为问题的典型特征是很痛苦、社会功能（正常的生活、工作、学习等）受影响、越来越严重。

需要特别注意的是，心理行为问题是由专业人员来判断的。专业人员会根据在这个专业领域的知识和经验积累，对一个人的状况做出判断。没有接受过专业训练的人不可能做到这一点。就像我们身体出现问

题，体温居高不下。我们只知道自己发烧了，但很难判定是什么原因导致的什么类型的高烧。对心理行为问题的判断，一定是专业人员来做。所以，不要随意说别人“心理有病”。如果你不是专业人员，那你没有这个专业能力，这么说别人是不负责任的行为。

（3）精神障碍

人群中有极少部分人遭遇的可能是精神障碍（mental disorder 或 psychiatric disorder）。精神障碍与心理困惑和心理行为问题不同，我们可以粗浅地将其理解为比心理行为问题更严重的心理问题。

精神障碍也是一个统称，包括一系列细分的障碍。在国际上有一套公认的精神障碍分类诊断系统，国内也有官方推出的分类诊断系统。临床上，医生要做出诊断。判断病人属于哪一种精神障碍时，应当遵循分类诊断系统的标准。

精神障碍细分后的类型比较多。2019 年发布的中国精神卫生调查（China Mental Health Survey，CMHS）涉及六大类精神障碍，分别是心境障碍、焦虑障碍、酒精/药物使用障碍、精神分裂症及相关精神病性障碍、进食障碍、冲动控制障碍。已广为熟知的抑郁症是心境障碍的一种，恐高症（特定恐怖的一种）则属于焦虑障碍。精神障碍患者的生活、工作和社会功能往往都会受到严重影响，有许多患者没有得到及时治疗，最终发展为残疾甚至危及生命。精神障碍更是需要由专业人员来做出诊断。

有人会觉得奇怪，为什么是“精神障碍”而不是“精神病”。目前在国家的一些官方文件中以及科学研究中，精神障碍与精神疾病的提法并存。但是，“精神障碍”更准确一些。躯体疾病以结构、功能或生化改变为基础，具有相应的症状和体征，用现有诊查手段能发现客观的病理改变，精神障碍则不同。很多精神障碍既没有客观体征和病理变化，也没有客观的诊断标准，因此称之为“精神障碍”比“精神疾病”更恰当。科研人员正在这个领域里认真地做着科学研究，希望能够找到一些客观的指标，例如影像学的指标，来帮助精神科医生或心理治疗师、心理咨询师确定地判断某一类心理行为问题或精神障碍。无论是种类上还是程度上的区别，如果能够有一些客观指标帮助专业人员在临床上做出判断，那么对于心理行为问题和精神障碍的诊断、治疗乃至早期干预的意义无疑都是非常大的。

3. 心理问题的污名化

在现实生活中，心理问题被“污名化”的情况并不鲜见。如果家里有一个有心理行为问题或罹患精神障碍的孩子，父母往往不愿意跟别人提及这样的事情，而街坊邻居在讨论起来时，有时也会对这个孩子和家庭有一些负面的评论，甚至有些人还会做一些很不科学、很不道德的表达。这就是对心理问题污名化的具体体现，是对心理问题的错误认识。

心理问题的污名化，是指社会舆论给有心理问题的人贴上一个“变态”或“不正常”的标签。有心理问题的人，不仅要忍受心理问题带来的身体痛苦，还要额外承担污名化带来的社会压力。本质上，心理问题与身体问题一样，是每个人在生命的某个阶段都有可能遇到的问题。如果有身体问题，通常没有人会说一个人变态；那么有心理问题，为什么就会被认为是变态呢?

心理健康科学知识的普及不到位导致社会中出现“污名化”现象，这不是中国特有的。世界卫生组织早在 2001 年就指出：精神与心理疾患康复的最大阻碍就是社会对他们的污名和与之相连的歧视。在 2019 年 1 月的达沃斯论坛上，英国威廉王子和新西兰总理阿德恩等一起，呼吁重视心理健康，不要把精神障碍看作是污点。心理问题的污名是加诸在心理问题人群身上的耻辱标记，并可能引发社会地位的丧失和遭受歧视。心理问题的污名，甚至会给从事心理服务的专业人员带来心理压力和社会压力。

污名化使得心理问题人群和亲属产生病耻感。其实，很多心理行为问题人群或精神障碍患者的问题，如果能够及时得到干预，通过心理治疗或心理咨询，是可以获得显著改善、甚至可以治愈的。但是，由于污名化的影响和病耻感的作祟，这些人往往不会主动、及时地寻求专业人员的帮助或及时就医。即便有些人走出了第一步，走向专业机构寻求帮助，治疗的依从性也会受影响，要么不能遵医嘱服用药物，要么不能坚持心理治疗或心理咨询，导致干预效果不佳或治疗半途而废。现实生活中有很多本来可以获得救助的患者，由于这些原因而导致病情加重，甚至引发自伤、自杀等悲剧。有些人虽然已经治愈，但是曾经有过心理行为问题或精神障碍的历史仍然像一块背负的巨石，使其在重归社会时可能会面临巨大障碍，还可能导致精神障碍复发率增高。病耻感和污名化带来的破坏太大了，既影响主动求治，也影响治疗效果、人际交往、家庭关系以及回归社会。

污名化甚至对从事心理健康专业服务的人也有不良影响。例如，精神科医生、心理治疗师、心理咨询师，以及心理健康相关专业的大学生、服务机构的见习人员等，或多或少地体验过公众对他们的贬低、猜忌或回避。受连带污名的影响，医学院学生也很少愿意涉足精神病学和心理健康领域。

近些年，随着社会大众对心理学的了解越来越多，这些误解在逐渐减少。要知道，在 20 世纪初和更早一些时间，有些学心理学的人会不好意思告诉别人自己的专业是什么，因为不想看到别人异样的眼光或被好奇地问道：你是学心理学的？你是不是心理有什么问题才去学心理学？

因此，重视心理健康知识的科学普及，力争消除心理行为问题和精神障碍的“污名化”影响，是一项具有重要现实意义的工作，不仅有助于患者康复和重归社会，还能缓解人们进行心理求助时的负担，同时对心理健康从业人员的积极意义也不容忽视。

介绍这些知识，希望能够为读者朋友送上一双慧眼。如果大家身边的亲人或朋友有心理困惑，或出现心理行为问题、精神障碍，他自己很痛苦，也无法像以往那样坚持学习、坚持工作，那么，不要对他说“坚强点”，更不要斥责他“太软弱”，也不应当视而不见，以为随着时间的流逝他就能自然而然地解决这个问题。当然，也别以“无知者无畏”的勇气试图去给他做诊断，说他是抑郁症或精神分裂。这个诊断只有专业人员才可能做出。你最应当做的，是建议他尽快去医院或有资质的心理服务机构寻求专业支持，同时你还可以告诉他，你是他的朋友、能够理解他的痛苦，支持他去求治或求助。

| 科学应对心理问题 |

心理健康状况是一个连续体，包括心理困惑、心理行为问题和精神障碍。如果用金字塔形状来表达，那么人口中绝大多数人只是在人生的某个阶段遇到了心理困惑，只有少数人可能遭遇心理行为问题，只有更少的人可能产生了精神障碍。

虽然心理困惑不会必然发展为心理行为问题，心理行为问题也不会必然发展为精神障碍，但是，发现有心理问题后，人们应该尽快科学应对和处理，避免向更严重的程度发展。每个人都应该学习和掌握一些自我心理调适的方法。如果出现心理方面的问题，而自己已无法解决，那么应当知道去哪里寻求专业心理服务。对应满足这些需求的服务体系，可称为三级心理健康服务体系，即精神障碍人群的心理治疗和心理咨询服务（一级）、心理行为问题人群的心理咨询服务（二级）、普通人群的心理健康服务和科学传播（三级）。

1. 自我心理调适

每个人是自己心理健康的第一责任人。要承担起这个责任，首先需要了解心理健康的基本知识，产生重视心理健康的意识，践行有助于心理健康的行为，这样才是真正对自己负责。本书在很多章节中介绍了一些具体的心理调适知识和方法，读者可针对工作生活中的具体问题灵活运用。

在学习自我心理调适内容时，应当特别注意“知识与技能学习并重”。前文提到，中国科学院心理研究所开展的心理健康素养研究发现，心理健康素养包括知识、意识、技能三个要素。其中，心理健康知识与心理健康水平没有显著相关，反而是心理健康行为与心理健康水平显著相关。也就是说，仅仅知道更多心理健康知识，并不等于一个人的心理健康水平更好。一定要把对心理健康的重视转化为具体的维护心理健康的行为，才有可能真正促进心理健康。

大部分人，或者大部分情况下，我们面对的心理问题只是心理困惑，如果能够学习一些自我心理调适知识和方法，在日常生活中养成有助于身心健康的生活行为习惯；在压力比较大时懂得用科学方法减压，而不是吸烟、饮酒、过度购物、沉迷游戏；在面对心理行为问题甚至精神障碍时，无论是自己还是身边的人，我们能够做到及时发现、及时求助或求医，这就是在正确应对心理问题，也是对自己、家人、朋友及社会负责任的行为。

2. 专业心理服务

当自我心理调适无法解决面对的心理问题时，我们就应当及时向专业机构、专业人员求助，寻求专业心理服务。专业心理服务主要包括心理咨询与心理治疗。目前，按照我国《精神卫生法》的规定，心理咨询人员不得从事精神障碍的诊断、治疗，精神障碍的诊断应当由精神科执业医师做出。因此，当怀疑是精神障碍时，可以前往精神专科医院或综合医院的精神科、心理科求治。也有一些医院将精神或心理门诊设置在神经内科、心身科等科室，可以去综合医院的导医台询问应当到哪个科室求治。当怀疑是心理行为问题时，可以向有资质的社会心理服务机构及人员求助，也可以去医疗机构求治。

在我国，目前可以从事心理咨询或心理治疗的人员主要有四类。

1）精神科医师。精神科医师由国家卫生健康行政部门进行认定和管理，在医疗机构工作，具有精神障碍诊断资格和开具精神科药物处方的资格，治疗对象是需要药物治疗的各类精神障碍患者。精神科医师通过学习和培训，掌握心理治疗、心理咨询方法后，才可以进行有效的心理治疗和心理咨询。目前，我国精神科医师的数量远远不能满足需求。《全国精神卫生工作规划（2015—2020 年）》提出到 2020 年，全国精神科执业（助理）医师数量增加到 4 万名，达到平均每 10 万人口有 1.49 名，而发达国家的这个数字约为 10 人。

2）心理治疗师。心理治疗师由国家人事、卫生部门组织进行专业技术资格认定，在医疗机构工作，没有处方权，也不能独立开具精神科诊断证明，治疗对象主要是神经症、情感障碍及人格障碍患者。心理治疗师职称考试于 2002 年启动，目前有中级和初级考试，属于卫生系统的医药护技四个系列中的医疗技术职称序列。职称序列和职级的约束在一定程度上制约着这支队伍的发展。国家卫健委的数据显示，截至 2017 年底，我国心理治疗师只有 6000 余人。

3）心理咨询师。心理咨询师曾经由国家职业资格鉴定体系进行认证，2002 年由劳动和社会保障部启动全国统一培训鉴定工作；2017 年 9 月，该职业退出国家职业资格鉴定目录清单。心理咨询师职业资格证书累计颁发逾 130 万，但真正从事心理咨询工作的人不足 1/10，主要在非医疗系统工作，不能开具药物处方，不能出具精神障碍诊断证明，服务对象是有各类心理问题的正常人群，如果发现有精神障碍，只能转介到专科机构。国家职业资格认证取消后，一些社会机构推出各种心理咨询相关的认证，良莠不齐。如果要判断一位心理咨询师是否具有足够的资质，可以重点看这位心理咨询师的履历。通常，完成了心理学，特别是临床和咨询心理学、精神病学、社会工作等本科及研究生学历教育，接受过系统临床实践培训和督导的专业人员，更具专业资质。目前，我国心理咨询师的发展路径以及与心理治疗师的区别等尚不明朗。

4）学校心理健康工作者。学校心理健康工作者主要包括心理健康教师和心理咨询人员。班级心理委员不属于专业人员。2018 年发布的《高等学校学生心理健康教育指导纲要》要求，心理健康教育专职教师要具有从事大学生心理健康教育的相关学历和专业资质，要按照师生比不低于 1：4000 配备，每校至少配备 2 名。《中小学心理健康教育指导纲要》（2012 年修订）要求，每所学校至少配备一名专职或兼职心理健康教育教师，并逐步增大专职人员配比。此外，对中等职业学校心理健康教育教师队伍建设也有要求。教育系统内部的心理咨询人员主要由心理健康教师及外聘心理咨询、心理治疗专业人员组成。目前，学校心理健康工作者规模并不符合各类指导纲要的要求，有些学校由其他学科教师转任心理健康教师且未经过系统培训，这些教师实际并不具备心理健康相关专业知识和资质，这一问题应引起重视。

3. 心理咨询师的发展走向

在上述四类人员中，心理咨询师很受关注。这本应是一支非常重要的提供心理健康服务的专业力量，但由于种种原因，目前我国这支队伍并未真正发挥作用。

2001 年，劳动和社会保障部颁布《心理咨询师国家职业标准》，将心理咨询师正式列入《国家职业大典》，2002 年正式启动心理咨询师国家职业资格培训鉴定工作，2017 年心理咨询师退出国家职业资格认证目录清单。十六年中，心理咨询师职业资格认证工作大规模普及了心理学和心理健康知识，提高了心理学行业的社会认知度，培养了数万名专业的心理服务人才。但是，由于职业资格认证重知识轻技能，相当一部分取证心理咨询师并不具备从事心理咨询的能力。有些地区的心理咨询师培训和鉴定不规范、水平不高，导致取证人员良莠不齐。

培养一名合格的心理咨询师很不容易。在多数国家，从事心理咨询与心理治疗的专业人员需要首先具备临床心理学或咨询心理学博士或硕士学位，然后按要求完成实习并接受督导，再通过专业考试或资格申请而获得执业资格。这个过程可能要持续几年甚至十几年。对心理咨询师的职业认证包含对职业能力水平的评估，但更重要的是评估申请者是否接受了充足而规范的专业培训。

对心理咨询师这个职业及行业，国际上通常由专业/行业协会来负责认证和管理，有时由专业协会与国家机构共同管理。在我国，目前国家已经停止对心理咨询师进行职业资格认证，但没有明确授权由哪个专业/行业协会来管理。由于处于空窗期，社会上各类心理咨询师培训纷纷问世，真伪难辨。

心理咨询师职业资格国家认证取消，是政府简政放权、转变职能的重要体现。对于心理咨询服务行业本身，正是扭转从业人员极速扩张、良莠不齐、管理又相对滞后这种不利局面的最佳时机，是使行业走向规范、有序、平稳发展的重要转折点，是心理咨询行业新的出发点。

从长远看，我国心理咨询师队伍应当尽快进行专业化发展。心理咨询是一项专业能力，应当根据不同领域、不同人群的心理服务需求进行细分。在医院、社区、学校、党政机关企事业单位、部队、监狱等开展心理咨询等心理服务，面对的人群和心理需求是不同的；针对个人、家庭、工作团队、老人、儿童青少年等开展心理咨询等心理服务，需要的专业能力也各有侧重；突发事件发生后，即便是资深的心理咨询师，如果没有接受过创伤干预或哀伤辅导训练，恐怕也很难胜任这些专业化工作。我国人口基数大，从现实可行性考虑，很难由一个组织、一个协会去完成数万人之众的心理咨询师队伍的专业管理，而更应该依托现有学会、协会、教学科研机构，来推动细分领域的心理咨询师队伍的发展。

4. 心理咨询小知识

（1）心理咨询与心理治疗有区别

心理咨询的英文是 counseling，心理治疗的英文是 psychotherapy。二者在理论基础、工作形式等方面有诸多重叠，区别主要在于：心理咨询主要解决健康及亚健康人群的心理问题，心理治疗主要服务存在精神障碍的人群。在实际情况中，由于求助者常常无法区分自己是否属于病态，因而二者亦常重叠。

北京大学钱铭怡教授在《心理咨询与心理治疗》一书中，曾对二者的区别提出以下看法：第一，心理咨询的工作对象是正常人、正在恢复或已经复原的病人，而心理治疗主要是针对有心理障碍的人进行的。第二，心理咨询重点处理正常人所遇到的各种问题，例如日常生活中的人际关系问题、职业选择问题、教育问题、婚姻家庭中的问题等，而心理治疗的适用范围包括某些神经症、某些性变态、心理障碍、行为障碍、心身疾病和康复中的精神病人等。第三，心理咨询用时较短，一般咨询的次数是一次至几次，而心理治疗的时间较长，几次到几十次不等，甚至次数更多，经年累月才可完成。第四，心理咨询在意识层次进行，更注重教育性、支持性、指导性，工作焦点在于找出已经存在于来访者自身的内在因素并使之得到发展，或者在对现存条件分析的基础上提供改进的意见，而心理治疗的某些学派主要针对无意识的领域进行工作，具有对峙性，重点在于重建病人的人格。第五，心理咨询工作更为直接地针对某些有限的具体目标，而进行心理治疗的目的则比较模糊，其目的是使人产生改变和进步。

（2）心理咨询不是聊天

有很多人以为心理咨询就是在聊天，这是对心理咨询行业的误解。心理咨询主要以谈话方式进行，但心理咨询过程中的谈话与我们平时的聊天具有本质区别。接受过专业训练的心理咨询师通过谈话来收集来访者的关键信息，对来访者的问题做出判断，形成咨询方案，帮助来访者发生改变、实现咨询目的。这种谈话是专业的、建立在科学理论基础上的一种方法。

（3）心理咨询不是想聊多久就聊多久

有的来访者认为，心理咨询师应该给自己足够的时间，让自己把想说的都说完，否则就是心理咨询师有问题。这种认识是不对的。每一次心理咨询的时间长短、每一位来访者应当做几次心理咨询，这都是有专业要求和判断的。通常一次个体咨询的时间为 50 分钟。这个时长的确定来源于科学研究，通常人的注意力能够持续集中的时间是 1 小时左右。超过这个时间，心理咨询师和来访者都很难集中注意力。另外，心理咨询师在开始咨询前和结束咨询后要进行材料整理，也需要留出一定的休息时间。而且，这个时长的确定也是对来访者的保护。如果单次咨询的时间太长，来访者长时间处于某种情绪状态中，有可能带来负面影响。如果是儿童、夫妻、家庭咨询，通常是 1.5～2 小时/次，便于心理咨询师花更多时间倾听不同家庭成员对问题的表述，以及观察家庭成员之间的互动，这些信息的获得也是必要的。

（4）心理咨询通常很难一次解决问题

冰冻三尺非一日之寒，心理问题往往是长期形成的，心理问题的解决往往也不可能一蹴而就，除非是很轻微、很单一的问题。不同的心理咨询理论流派、不同的心理咨询师，可能对心理咨询的阶段划分不同，但通常都会经历问题探索、目标设定、方案探讨、治疗行动、评估结束等几个阶段，有的还有追踪回访阶段。这些过程不可能通过一次或两次咨询就完成。而且，心理咨询是个特殊过程，需要心理咨询师和来访者之间建立信任关系和安全感，这些都需要时间和过程。因此，虽然很多做过心理咨询的人会在第一次咨询后觉得如释重负，离开心理咨询室时以为自己的问题已经解决了，但回到日常生活中后往往会发现问题还存在。如果不坚持，往往会导致前功尽弃。因此，对于心理咨询的次数，应当听从心理咨询师的建议，并与咨询师积极配合。

（5）心理咨询师不会跟来访者交朋友

心理咨询师要遵循的职业伦理规范中有明确的一条，即要尽可能避免与来访者发生多重关系。多重关系是指与来访者发展出家庭、社交、经济、商业或其他密切的个人关系。多重关系会对心理咨询的专业判断带来不利影响，或者至少存在潜在危险，要尽可能避免。因此，来访者不要试图向心理咨询师索取手机号或微信号，不要试图与心理咨询师交朋友。原则上，如果心理咨询师给来访者这些联系方式、与来访者建立多重关系，是违背咨询伦理的。

学会变压力为动力

在人群中，遭遇心理行为问题或精神障碍的人毕竟只是极少数。大部分人最常面对的心理问题是“压力大”，可能是工作压力、学习压力、生活压力、人际关系压力等。压力是把“双刃剑”，如果能够掌握科学应对压力的方法，不仅能够顺利度过压力期，甚至可能变压力为动力，获得自我提升。科学应对压力有三个关键要素：一是正确判断压力类型；二是选择恰当的应对方式；三是变压力为动力，在经历中获得成长。

1. 正确判断压力类型

当我们觉得自己压力比较大时，往往处于面对某种压力源的状态。压力源的性质不一样，我们感受和应对压力的方法通常也不一样。正确判断压力源至关重要。就像我们身体不舒服时去医院看病，首先要确定是什么疾病，之后才进行后续的治疗和应对。

（1）客观压力与主观压力

美国总统安德鲁·杰克逊（Andrew Jackson）一定没有想到，发生在他身上的一件事会被写进心理学教科书，并无数次地在心理学课堂和培训中被提及。这件事与他出色的政治才能毫无关系，而是与他不那么出色的压力管理能力相关。

由于杰克逊的家人中有好几个人死于中风瘫痪，特别是在他妻子去世后，他开始非常担忧自己的健康状况，认定自己也会死于这种病。这种担忧一直笼罩着他。有一天，他与一位年轻人下棋，朋友在旁边围观。突然，他的手垂下来了，脸色发白，呼吸急促，看上去非常虚弱。他的朋友很着急，赶紧走向前问他怎么了。杰克逊悲伤地说："该来的还是来了，我发病了，我的右侧身体瘫痪了。"朋友问："你是怎么发现的？"杰克逊回答："刚才我捏了几下我的右腿，但是一点感觉都没有。"这时，正在和他下棋的年轻人说话了："可是，总统先生，你刚才捏的是我的腿啊！"

压力是公平的。总统会有压力，普通人也会有压力，我们都需要学习正确判断压力源、科学应对压力的方法。从杰克逊总统的故事中，我们首先应该学会判断压力源是自己想象出来的，还是客观存在的。当医学或医生并不能准确告诉我们发病的可能性有多大时，过多的担忧就是额外的压力。对身体健康的担忧是这样的，对很多其他方面的担忧往往也是这样。压力也符合“二八法则”，80%的压力是想象出来的主观压力，只有 20%的压力是需要我们真正采取行动去解决的、客观存在的压力。如果被主观压力困扰，无异于被轻飘飘的气球压倒。如果你很清楚自己受到的是主观压力的困扰，那就想象一下把这个压力气球一下子戳破，不要再受主观压力的影响。

（2）急性压力与慢性压力

急性压力在生活中比较常见，如驾车时由于车速没有控制好，差点追尾；出差时快到机场了，突然发现身份证不在包里；马上就要进行一场重要的报告，突然发现存储报告 PPT 的 U 盘找不到了。这些情况下我们通常会心跳加速、手心出汗、手脚发凉，这是急性压力下的应激反应。急性压力虽强度大，但持续时间短暂，很快就过去了。大部分人都有急性压力的体验，也会逐渐形成适合自己的应对急性压力的经验。如果有些人受急性压力影响比较大，急性压力变成了慢性压力，这可能就需要向专业人员求助了。

慢性压力通常是一些重要的“生活事件”，例如结婚、生育子女、失去亲人、失业、晋升、经济状况发生重大改变等，都是对人们影响较大的压力源。即便像结婚生子、晋升这样的好事，也需要我们调整自己去适应新的、未知的状况，因此也会带来压力。还有一类慢性压力，如人际关系紧张、长期超负荷工作、家庭冷暴力、校园欺凌、噪声、交通堵塞、环境污染等，这些更像是生活中的烦恼，但如果不懂得正确应对这些问题，日积月累，这些问题同样会影响我们的身心健康。因此，慢性压力也应该引起大家的重视。

不同年龄阶段的人群，可能会面对不同的压力。同一年龄阶段的不同人群，面对的压力也往往不同。分清楚自己面对的压力是什么，并与由此带来的情绪压力相区分，这是第一步。

2. 两种应对压力的方法

有研究总结了中国人的压力应对方式，发现中国人会根据压力程度选择应对方式。如果压力在可控范围内，我们往往会采用“解决问题的压力应对方式”，也就是采取积极行动解决面对的压力，改变自己所处的情境。如果压力超过了我们可以控制的范围，比如天灾人祸带来的压力，我们往往会采用“改变情绪的压力应对方式”，即通过各种方法缓解或转移压力带来的消极情绪。

解决问题的压力应对方式，就是知道是什么事情给自己带来压力，也知道自己拥有解决这个事情的资源和能力，把自己的认知、情绪和行为集中在解决这件事情上。随着问题的解决，由问题而产生的压力也就自然而然地消散了。

改变情绪的压力应对方式涉及更多的心理学技巧。每个人都有自己的一套应对情绪、管理情绪的方法。在心理学研究中，可能有几百种压力应对策略，总体来讲可归为三种类型，这三种类型可以选择其一，也可以综合使用。

第一种方法是通过改变生理来改变情绪，包括腹式呼吸、冥想、瑜伽、音乐、太极拳、肌肉放松等方法，也包括调整饮食、调整睡眠习惯、加强体育锻炼。人与人的个体差异很大，有些人喜欢采用冥想等比较安静的方法来调节情绪，有些人更喜欢通过拳击、散打等运动方法来调节情绪，每个人应根据自己的性格特点、身体特点，选择自己更适合、更喜欢的方法。但是，有一点是共性的，即任何一种方法都需要坚持。一次两次、间断性的尝试不太可能产生长期效果。

第二种方法聚焦认知，通过改变我们对问题的认识和信息加工的方式来改变情绪，如认知重评方法。这是一种被实验验证的、有效的情绪调节策略。简言之，日常生活中，面对不好的情绪体验时，可以尝试去挖掘积极面。以考试焦虑为例，如果只关注“这次肯定考不好”这个结果，可能会越来越焦虑；如果改变认知，更关注“考试前的时间一定要分配好、临阵磨枪也有用”，“如果这次考不好，这对我是个警告，一定要努力”，等等，一方面有助于缓解眼下的焦虑，另一方面也在督促我们做出实际行动，以后尽量减少或不再面对这样的情况和焦虑。当我们面对一件困扰自己的事情时，应多想办法去发现这件事情的积极面，而不是只关注消极面。对事件相关的信息了解越多、认识越全面，解决问题的思路就越清晰，这个过程就是认知重评。

第三种方法是聚焦行为改变，通过学习时间管理、目标管理、人际关系管理、沟通交流技巧等方法，必要时参加专业的训练，来提高自己在行为方面应对压力的能力。以拖延行为为例，完成任务的截止时间越来越近，拖延行为也越来越严重，明明知道自己不应该拖延，但就是不知道应该怎么去改变。这种情况下，可以通过行为矫正的方法应对，如时间管理、目标管理方法，把任务和时间分解，也对压力进行“分解”，通过一点一滴的行为改变，减少拖延带来的负面影响。有些人可以通过自己的努力实现行为改变，有些人可能需要通过专业学习、专业训练，或求助于专业人士，来帮助自己进行行为矫正。

上面提到的三类应对方式是积极的应对方式，还有一些是消极的应对方式，如回避问题、对其他人表现出敌意的攻击性，以及诸如吸烟、酗酒、吸毒、暴饮暴食、非理性购物等消极的压力应对行为。这些行为不仅不能缓解压力，还会给自己带来更糟糕的后续影响，是应该避免使用的应对行为。

3. 宣泄不能缓解压力

还有一种常见的压力应对方式是“宣泄”，但实际上宣泄并不能缓解压力。

宣泄治疗曾经是心理治疗的一种方法，19 世纪末弗洛伊德将这种方法引入心理治疗。他认为歇斯底里症的原因是一个人内心积聚了很多愤怒情绪，因此要治疗歇斯底里症，可以通过宣泄的方法来疏解愤怒情绪。之后，宣泄疗法得到了广泛应用，直至现在还在用。我们会发现身边有很多心理服务机构购置了心理宣泄设备，如宣泄人、宣泄沙袋、宣泄球、宣泄墙等。

那么，宣泄真的能够缓解压力或疏导愤怒情绪吗？实际上，已经有大量心理学研究发现，不管是对孩子还是成年人，以攻击的方式去宣泄情绪，不仅不会缓解压力、疏导愤怒，甚至有可能会增加愤怒情绪和暴力倾向。

还有一些人试图用非直接攻击的方式宣泄压力，如在网络上无目的地宣泄压力，实际上这也不会真正缓解压力。有些人在网络上宣泄自己，使用非理性的语言或图片，或者对一些社会热点事件发表非理性的看法，甚至通过在网络上攻击别人来宣泄自己对生活、工作乃至社会的不满。然而，通过网络无目的地宣泄压力并不能够真正缓解和消除压力。这种方式既无助于解决问题，也无助于改变情绪。任由压力影响自己的身心健康，影响正常的生活和工作，不积极采取行动正确地应对压力，而是采取错误的方式应对压力，都是对自己不负责任的表现。

4. 从压力中获得成长

无论是重大生活事件，还是慢性压力源，其之所以会成为压力源，给我们带来压力，影响我们的身心健康，根本原因在于我们对这些压力源“缺乏控制感”。大部分情况下，我们可以通过自己的努力，通过生活经验积累和学习到的压力管理技巧，增强自己的控制感，妥善处理好压力源带来的压力。如果压力很大，导致严重的心理不适，自己已经无法调节和处理，这时应当及时向心理治疗和心理咨询专家求助。

然而，压力不一定都是坏事，也不一定都能导致心理健康问题。在处于中等压力水平，也就是适度压力的状态下，压力会转化为我们解决问题、继续前进的动力。有些人在应对压力时能够很好地调整自己，即便是在压力状态下，也能够保持正常的心理和生理机能，不仅没有因压力而产生心理问题，甚至还可能因为这个经历而获得新的成长和积极发展。

即便是经历了较大的压力，我们也有可能从中获得成长。人的适应能力很强，体现在心理能力方面，人有一种能力——心理韧性。心理韧性强的人，对外界环境的适应和调控能力强，在应对压力、挫折和创伤等消极生活事件时，会表现出较强的适应力和平衡力。心理韧性是可以培养的。在经历压力事件时，如果能够关注自己的认知、情绪和行为，有效地应对环境变化，并在这个过程中积累应对压力的能力，那么这种经历可以有效地增强一个人的心理韧性，即“在挫折中成长”。

所以，压力是一把“双刃剑”，公职人员应该学会与压力“和平共处”，学会正确应对压力并从中获得成长。

| 坚持规律生活 |

身体健康是心理健康的基础，规律生活是身体健康的基础。很多人由于工作强度大，工作中的临时、突发、应急情况比较多，难以保持规律的生活。还有很多年轻人身体素质好，工作起来比较拼，不注重保持规律生活。特别是处于“上有老下有小”的人生阶段，人们的工作时间都给了工作、业余时间都给了家庭，属于自己的、能够放松的时间却很少。工作强度是客观存在的，家庭责任也是必须承担的，在很多情况下，人们不得不牺牲睡眠时间和周末休息时间，但是总体来讲，公职人员还是应该有坚持规律生活的意识，并且要尽可能给自己创造规律生活的条件。其实，更多时候不是客观上不能实现，而是我们主观上不重视。特别是有些公职人员把身体和心理截然分开，以为自己有足够强大的意志就能够应对好心理问题，其实这是错误的认识。本文的主要目的是希望大家能够正确对待身体与心理的关系，引起大家对“规律生活”的重视。

1. 尊重自己的生物钟

生物钟是人类在长期进化过程中形成的一系列重要的规律，也是一个人在出生和成长过程中、在适应环境的过程中，逐渐形成的一种适合自己生理条件的规律。不顺应这些规律，很可能给自己带来麻烦和痛苦。

2017 年诺贝尔生理学或医学奖由三位科学家分享，他们获奖的理由是“发现控制昼夜节律的分子机制”。昼夜节律（circadian rhythm），指的就是一种生物钟。人类以昼夜 24 小时为周期的昼夜节律是人体最主要的一种生物钟，当然还有其他生物钟，例如体温、血压、脉搏、情绪等，这些都会随着昼夜变化而发生周期性变化。除了昼夜节律，还有比昼夜更长的长日节律（infradian rhythm），如女性的生理期；也有比昼夜更短的短日节律（ultradian rhythm），如人的心跳和呼吸节律。这些节律就像一架稳定转动的钟表，是我们生命的律动，也是我们适应生存环境的律动。这架钟表不快不慢地匀速转动时我们不会有特别的感受，甚至有可能忽略生物钟的存在。但如果打乱了节律，生物钟失调，我们就可能面对很糟糕的情况，例如生病。生物节律失调往往导致免疫功能低下，各种疾病会乘虚而入，影响我们的身体健康。生物节律失调还可能影响我们的心理健康，导致失眠、抑郁、焦虑等问题。

人类在很早以前就发现了生物钟这一现象。《黄帝内经》中就曾描述过人的身体状况随季节变动而变化的周期性现象以及人体的脉象节奏。近现代以来，人类所处的外部环境发生了巨大变化。建筑物、电灯等发明后，我们所处的环境发生巨变，日出而作日落而息的生物节律被打乱，熬夜成为家常便饭，长时间静坐工作也成为常态。这可能是人类社会发展的必然，我们也很难去改变或回到原始生活环境中。但是，我们应该认识到，人体生物节律的变化不可能像外部环境变化得那么快、那么大。生物节律是人体适应外部环境、形成内外平衡的智慧结晶。因此，要保持健康心理，首先需要一个健康的身体。而要争取身体健康，我们首先应尊重生物节律。

2. 养成适合生物钟的生活习惯

现代医学和生命科学等学科的发展，使得人类对自己身体的各个系统越来越了解。同时，越来越多的研究发现，人的皮肤系统、肌肉系统、骨骼系统、内分泌系统、神经系统、循环系统、免疫系统、淋巴系统、呼吸系统、消化系统、泌尿系统、生殖系统等的功能，都与心理密切相关。

以我们常见的压力为例。当一个压力源刺激大脑时，交感神经系统发送信号，把神经冲动发送到腺体，身体的各个器官和组织收到信号，开始准备做出反应。除了交感神经系统和内分泌系统，人体的心血管系统、免疫系统、肌肉系统和骨骼系统也被激活，大脑发出电信号和激素信号后，为了向身体输送更多血液，心脏跳动的频率会加快；压力同时会抑制免疫反应，导致身体的免疫力降低；肌肉和骨骼系统接收到大脑传来的信息，会做出随时采取行动的准备。如果长期处于这样的压力状态，我们会感觉到背痛、肩痛、头痛，甚至产生痉挛。

因此，如果希望自己保持心理健康，或者希望自己有足够强的压力应对能力，首先需要有一个健康的身体，维持正常的生理机能。要实现这个目标，特别重要的是要形成适合自己生物钟和生理条件的生活习惯。

在现实生活中，有些人不考虑自身条件，宣传什么就跟着做什么。我们应当认识到，每个人都不一样，个体差异很大。例如，我们对睡眠时长的需求是有个体差异的，对饮食种类和数量的需求也有个体差异，个体差异无处不在。不考虑自己的情况，盲目缩短或增加睡眠时间、盲目选择节食或过多食用某种食物，都属于不科学、不规律的生活方式。

什么叫“适合自己的生活习惯”？可以参考世界卫生组织提出的健康的十条标准。只要自己的生活习惯让自己感受到健康，换言之，自己觉得能够达到以下指标中的大多数指标，那这样的生活习惯就是适合自己的。

- 有充沛精力，能从容不迫地担负日常生活和繁重工作，而且不感到过分紧张与疲劳。
- 处世乐观，态度积极，乐于承担责任，不挑剔。
- 善于休息，睡眠好。
- 应变能力强，能适应外界环境的各种变化。
- 能够抵抗一般性感冒和传染病。
- 体重适当，身体均匀，站立时头肩臂位置协调。
- 眼睛明亮，反应敏捷，眼睑不易发炎。
- 牙齿清洁，无龋齿，不疼痛；牙龈颜色正常，无出血现象。
- 头发有光泽，无头屑。
- 肌肉丰满，皮肤有弹性。

3. 饮食有节、起居有常

坚持规律生活，除了要尊重生物节律，还要注意饮食、生活习惯和行为方式的规律。大家的日常生活通常是有规律性的。无论是学生时代，还是工作状态，或者是老年生活，大部分时间里我们的日常生活内容是可预期和可控制的。有节奏的日常生活，就是尽可能尊重生物钟的节奏来安排自己的生活内容。

饮食规律，最主要的是摄入的食物及营养要均衡，不要多食或过度节食，尽量定时进食。无论是在网络上还是电视上，经常会看到一些所谓的“专家”，他们并不是医学、营养学等的专业人士，仅仅依据个人经验或者为了推销产品，就向公众建议应该如何饮食。有的说应该多吃蔬菜水果，有的说应该多吃肉蛋奶，大家越看越不知道应该怎么吃饭。对身体健康的普通人而言，有一种很简单、易操作的饮食建议，那就是“什么都吃点，什么都别多吃”。不要因为自己的饮食偏好就总是吃某类食物，也不要因为不喜欢就从不碰某类食物，除非这种食物会引起过敏或必须忌口。大众食谱上的肉蛋奶、蔬菜水果、各类主食，都应该是我们餐桌上的常客。尽量做到定时进食，各种食物都吃一些，但是不要多吃。

生活方式和行为习惯规律。除了我们已熟知的不抽烟少喝酒等行为习惯外，还应有规律地进行体育锻炼和有节奏地开展日常生活。体育锻炼也需要尊重个体差异，如果用心了解自己的身体状况，有针对性地选择适合自己的运动方式，长期坚持一定会有好处。还有一些锻炼方式有助于舒缓焦虑情绪、保持心理健康，这些方式的效果也取决于是否能够坚持。

保持规律生活是健康长寿的重要基础。有很多研究，从基因、心理、饮食习惯、其他生活习惯、家庭环境、自然环境等角度分析长寿老人的长寿原因，除了两条，很难找到其他规律性的原因：一是长寿老人往往有积极乐观的心态，二是长寿老人往往有健康规律的生活方式。有些老人睡得早、睡眠长，有些老人睡得晚、睡眠短，有些老人爱吃糖，有些老人嗜食肉，从具体行为上很难说哪种生活方式更有助于长寿，但毫无疑问，这些长寿老人的生活习惯一定是适合自身特点、能够维持身体健康状态并长期持续下来的。

保持规律生活是缓解压力的重要手段。每个人都会有面对较大压力、内心比较焦虑的时候。在这种高压力的状态下，如果能够让自己坚持规律生活，就如同俗语所说的“该吃就吃，该睡就睡”，即便心理压力很大，这种规律生活也有助于我们尽快完成自我心理调适，把时间和精力聚焦到解决带来压力的事情上。客观问题解决了，由此产生的心理压力也就自然而然消失了。

| 全面认识自己 |

认识自己并非易事。在希腊德尔菲的阿波罗神庙的门柱上刻着一句话，传说那是西方古代哲学留给现代文明的重要遗产，这句话就是“认识你自己”，是由苏格拉底提出的。本杰明·富兰克林曾经说，有三种东西是极端坚硬的，钢铁、钻石、认识自己。老子也曾说过，“知人者智，自知者明”（《道德经》）。无论是西方哲学还是东方哲学，都把“认识自己”作为哲学的出发点，开启了人类关注自身的时代，并一直延续到现在，也会继续延续下去。

认识自己，在心理学研究中是一个重要的主题，称为“自我认知”。一个人的自我概念就像一座大厦的地基，是人生的基础，指导着我们的思想，影响着我们的行为。如果不知道自己是什么样的人，我们在面对生活中大大小小的事情时就会困惑，不知道该如何选择。而一旦自我认识稳定下来，就会影响我们的一切，包括关注点、记忆、情绪、行为甚至健康。

公职人员做到“正确认识自己”尤为重要。公职人员掌握着公权力，面对着诸多诱惑，可能会受到来自各个方向的各种挑战。如果不清楚自己是谁，不知道自己想要什么，不明白自己应该做什么，恐怕很难担负起党和人民寄予的期望和职责，很难保证不犯错误，而自己的存在感、价值感也很难体现。要正确认识自己，有三个关键要素：形成清晰的自我图式、理解客观的自我差距、避免出现自我认知偏差。

1. 自我图式

每个人的大脑中都有一个“自我图式”，是我们在过去人生经验的基础上形成的对自己的概括性认识。虽然看不见摸不着，但它的确存在，并且对我们的心理和行为有非常重要的影响。作为一名成年人，大家应当对自己的性格特点、行为特点、工作表现、人生目标等有一个清晰认识，形成自我图式，并不断完善它。

美国心理学家威廉·詹姆斯（William James）认为，自我包括物质自我、精神自我和社会自我三部分。物质自我指对自身高矮胖瘦、性别，与自己有关的环境、时间、地点等客观信息的自我认识。精神自我指我们所感知到的内在的心理品质，是我们对自己的主观体验、对自己的感受。社会自我指我们对自己承担的社会角色、社会地位、关系、被他人如何看待和承认的认识。一个比较全面的自我图式，包括对物质自我、精神自我、社会自我的客观认识和评价。过于侧重自我的某一方面，可能都会带来一些负面的影响。

此外，心理学家也把自我分为现实自我和理想自我。顾名思义，现实自我是指个人觉得自己现在是什么样的，理想自我是指希望自己是什么样的。这两者之间往往存在差异。无论理想自我还是现实自我，都是自我图式的内容。如果不能够形成对自己的正确认识，不清楚什么是现实自我、什么是理想自我，不能处理好现实自我和理想自我之间的差距，往往会给我们的人生带来负面影响。

自我图式不是自然形成的，是在一个人的成长过程中不断发展而产生的。文化、环境、家庭教养都会影响自我图式的形成。当我们有了清晰的自我认识，也就意味着开始主动、努力地塑造自己。我们可以通过内省和观察自己的行为来认识自己。曾子的“吾日三省吾身”，就是通过内省来认识自己和提升自己。但是，也有些时候我们是在发现自己的行为变化时突然意识到了自我。例如，我们在不知不觉中突然发现自己已经持续了一段时间从事某种活动或关注某个人，由此我们可以推断出，对这个活动或这个人我们应该是比较喜欢的。也就是说，在产生明确意识之前，我们的行为先发生了改变，通过观察行为改变，我们产生了某个方面的自我意识。

2. 自我差距

自我差距，指一个人的理想自我和现实自我之间的差距。这个差距通常都会存在，同时影响着我们的心理健康和社会行为。而这个差距往往是在“比较”中产生的。

社会心理学家里昂·费斯廷格（Leon Festinger）提出了社会比较理论，他认为当人们想要对自己的能力、水平、态度或所处的社会经济地位等做出准确评估的时候，就会找到与自己相类似的个体进行比较，然后判断自己所处的水平。社会比较理论可以归纳为三点：第一，人们有一种想要正确评价自己的基本动机；第二，当缺乏直接、客观的评价标准时，人们会倾向跟他人进行比较，然后再做判断；第三，人们倾向跟与自己相当的人进行比较。

通过费斯廷格的理论我们知道，进行社会比较的目的是正确地对自己做出评价，也就是让自我图式不断清晰，通过社会比较实现自我强化。中国有一句古话是“人比人气死人”，这是一种很狭隘的社会比较。社会比较是人类生存生活的一种客观的心理需求，我们需要通过社会比较来了解更多关于自己的信息，帮助自己真实、全面地了解自己，而不是片面选择人或事进行比较、最后得到“伤自尊”的结果。例如，在工作中通过社会比较可以了解自己的工作表现，那么我们形成一个基本的判断，自己有没有努力、有没有达到自己可以达到的水平，然后来判断自己以后应该怎么做。归根到底，进行比较的目的是促使我们确定进步的目标，并为此付出努力。所以“人比人”的时候，一定要想清楚自己比较的目的是什么。

自我差距应当是驱使我们进行改变的动力。如果差距过小，即对现实自我很满意，那么我们可能会体验到比较高的满意度，但潜在的问题是可能没有继续进步的动力。如果差距过大，容易诱发对自己和现实的不满，带来焦虑、抑郁、痛苦等消极的情感体验。只有对自我差距有比较准确、合理的判断，才有可能成为行动的驱力，驱使我们去做更有助于提升自己的事情。

公职人员也会有理想自我和现实自我之间存在差距的认识和感受。但特别应当关注的是，理想自我和现实自我应该是客观的，对于物质自我、精神自我和社会自我三个部分都应该关注。从网络上公开发布的落马贪官的忏悔录我们可以发现这样一条规律：这些贪官的现实自我与理想自我之间的差距拉得过大，对现实自我不满，对理想自我过多聚焦物质自我，因此大肆敛财、贪图享乐。作为一名公职人员，如果能够踏踏实实履职尽责，把公权力使用好，得到老百姓的认可，为社会做出贡献，由此感受到的精神自我和社会自我的满足感，比物质自我带来的满足更踏实、更宝贵、更持久。

3. 自我认识偏差

人类的大脑非常聪明，在加工复杂的信息时总是自动且高效，就像围棋高手与电脑进行对决时，电脑需要一个庞大的运算系统支持它的工作，而围棋高手只需要消耗极少的能量，一碗饭吃饱就可以下棋了。但是，聪明的人类大脑在做一些认知判断时，往往也会犯一些具有共性的错误，在认识自己时往往出现一些偏差，如过度自信和自利偏差。

1）过度自信

过度自信的例子很多。尽管我们知道自己曾经犯过错误，但是如果要预期未来的事情，例如，预期我们会不会按时完成任务、会不会维持良好的婚姻关系、会不会遵守自己制定的锻炼计划时，仍然会抱有相当的乐观。如果“曾经没做到”，也没有付诸努力去提升自己或改变自己，却仍然对结果报以乐观，这种乐观往往就属于过度自信。

为什么人们会有过度自信的自我认识偏差呢？心理学研究发现，人们总是倾向寻找和有选择地使用那些有利于自己的信息，例如能够证明自己的想法或判断是正确的信息，同时忽略那些不利于自己或可能证明自己是错误的信息。过度自信会给生活和工作带来麻烦。我们需要提醒自己，在做出判断或对别人的判断进行理解时，有必要思考一下是不是过度自信了，是不是有选择地使用了信息。信息越充分，我们才越有可能做出正确的判断。

2）自利偏差

还有一种自我认识偏差是自利偏差，指的是我们经常会做出更有利于自己的社会判断。例如，当婚姻中出现问题时，通常会把责任更多地推到配偶身上。但如果遇到比较好的事情，又往往会把功劳归到自己身上，认为自己起了更重要的作用。这种自利的社会判断与过度自信一样，会导致我们高估自己的能力或歪曲事情的本来面目。错误的判断往往会带来错误的后果，因此也应当引起我们的注意。

理想状态下，一个人对“我是谁”的认识应该是真实而全面的，但要做到这一点很难。大部分人倾向积极看待自己，也就是通常所说的“自我感觉良好”，其中有些人只看到自己的积极面，不承认自己的消极面，走向了“以自我为中心”或“极端自恋”。也有些人只看到自己的消极面，觉得自己一无是处，极度自卑，这些人往往更容易罹患抑郁症、焦虑症等精神障碍。换言之，为了正确地认识自己，塑造一个能让自己产生安全感和认同感的“自我概念”，我们应该从多个侧面认识自己和评价自己。每个人都是既有优点也有缺点的。缺点的存在意义就是提醒我们还可以做得更好、做到更好。这些不好的东西也是自己的“一面”，接受这些不好的东西是正确认识自己的前提。

情绪管理技能

人是情绪动物，经常被情绪所左右。情绪伴随我们一生，有时候给我们带来困扰，但更多时候是在帮助我们适应环境、应对和解决遇到的问题。曾国藩曾经说过一段话：得意而喜，失意而怒，便被顺逆差遣，何曾做得主。意思是说，一个人在得意、顺利时就高兴，在失意、不顺时就愤怒，这就是在被顺境和逆境所掌控，自己并不是自己的主人。这段话是对情绪管理能力的形象描述，也是在强调，一个人只有管理好自己的情绪，才真正是自己的主人。

在管理心理学研究中，对领导者的研究成果很丰富，包括对领导者胜任特征的研究。无论什么职业、什么岗位的领导者，他们都有一些共性的、应当具有的胜任特征，其中之一就是情绪管理能力。要做到妥善、恰当地管理自己的情绪，首先应当了解情绪为什么会产生，然后还应当学习和掌握一些管理情绪的方法。

1. 情绪的生理机制

新生儿不仅会哭，还有痛苦、厌恶、微笑等反应。半岁左右的婴儿已经可以通过一些基本的面部表情和情绪声音来判断其他人的情绪，表现出人类最初始的情绪知觉能力。到了10岁左右，儿童可以比较好地区分真实感受和表面情绪。进入成年期，情绪的发展趋于稳定。到了老年期，情绪的脑结构开始发生退化。这些基本规律受生理机制的影响，通常是与生俱来的。同时，我们在后天社会经验的影响下，不断学习左右情绪的本领。慢慢地，我们学会了“察言观色”，识别了“口是心非”，知道了“眼睛是心灵的窗户”，提防着“冲动是魔鬼”。

我们的大脑中存在两条通路，情绪信息选择不同的通路，会带来不同的结果。举个例子，你正在路上走，突然看到一条蛇。这个视觉信息通过眼睛进入大脑后，有两条通路帮助我们做出不同的反应。一条是低通路，简单快速地把这个信息传递到大脑中部的杏仁核。在人类漫长的进化中，这个小小的不能吃的杏仁核是多么重要，它帮助我们迅速感受到外部环境中的威胁，开始警觉，本能地做出反应，如尖叫、逃跑或是晕倒。另一条是高通路，走得有些慢、传得有些远，把这个信息通过丘脑发送到感觉皮层进行精细加工。这可能是人和其他动物的重要区别之一，高度发育的人脑皮质使得我们能够对这条蛇进行更精细的分析：死的还是活的？有毒还是无毒？是跑呢还是留下捉了它尝尝味道呢？炖汤还是红烧呢？

从这个例子我们可以认识到，情绪管理虽然很复杂，但有一点很重要、很核心，就是尽量运用自己的理性去管理情绪，而不是靠冲动和直觉去管理情绪。对一些影响基本生理功能的由外部刺激引发的情绪，我们很难去理性处理，譬如被突然吓一跳。但是，在日常生活中，我们通常遇到的情况是受社会环境中的人、事等复杂外部刺激影响，我们应当尽可能用高通路的信息加工去处理由此产生的情绪。不要让生物本能控制自己，而是要用知识积累和人生经验产生的理性去控制自己。

我们真不应该浪费这么好的大脑工具，在情绪冲动时应先冷静一下，让那些刺激信息有时间进入大脑皮层进行精细加工，让我们的理性战胜魔鬼般的冲动。

管理情绪不是掩饰情绪。人的情绪很复杂，高兴、激动、恐惧、痛苦、害怕、厌恶，都是情绪的类型。情绪通常可以分为两类：积极情绪和消极情绪。有些人片面地认为情绪管理就是不把自己的情绪表达出来，或者只表达积极情绪，不表达消极情绪，这些认识是错误的。情绪是人的生理机制，是人的正常表现。刻意隐瞒或掩饰自己的正常情绪、刻意歪曲自己的真实情绪等一些所谓的"情绪管理技能"会对心理健康产生负面影响。我们学习情绪管理技能，不是要掩饰自己的情绪或歪曲自己的情绪，而是要正确地认识和表达自己的情绪、正确地对待别人的情绪。

2. 通过改变认知来管理情绪

每个人在生活和工作中都会有遇到麻烦事和情绪困扰的时候，如果这个时候有朋友要帮助我们，最经常听到的一句劝慰的话就是想开点。我们自己也知道应该想开点，可是怎么才能想开呢？想开点，本质上是改变我们的认知或思维方式，这对我们应对压力、缓解消极情绪有重要影响。人的思维方式多种多样，一些错误的思维方式使得我们"想不开"，无法处理好自己的情绪。如果能够意识到自己受到了错误思维方式的影响，改变这种思维方式，自然也就找到了管理情绪的办法。下文介绍几种典型的错误思维方式，包括负性思维、思维放大和抑制性应对。

（1）负性思维

负性思维指一种过于泛化的消极思维。这种思维方式经常出现在抑郁的人身上。人们在面对失败或挫折时往往会进行解释，或者给自己一个解释，或者给别人一个解释，总之会分析原因和责任。通常一个普通人在评价自己时，会倾向对自己做出好的评价，给自己增加正性的光环，而抑郁者在评价自己时往往会对自己做出不好的评价，倾向把失败解释为是长期存在的、普遍存在的，是他自己的错。在总结失败的原因时，普通人更倾向推卸责任，而抑郁的人更倾向认为是自己的责任。

虽然现在的研究还不能够确切证明到底是负性思维导致了抑郁，还是抑郁导致了负性思维，但是有一些研究发现，负性思维是会导致抑郁心境的。我们处于较大的压力状态时，也往往是面临困难、甚至是在怀疑自己能力的时候。如果把困难或失败的原因都归结在自己身上，往往会产生抑郁。积极心理学家马丁·塞利格曼（Martin Seligman）认为，自我关注和自我责备是现在西方社会抑郁流行的主要原因。因此也有研究者尝试通过改变负性思维的方式来缓解甚至是完全消除抑郁的情绪。

再次提醒读者，改变负性思维不是在推卸责任，如果失败的原因的确是在于自身，我们应当接受这个客观事实。改变负性思维，强调的是不应把非自身原因引起的事情归结为自身原因。

（2）思维放大

思维放大也是一种可能会导致我们想不开的思维方式。面对压力事件时，“思维放大”会导致压力更大，并导致焦虑。例如，有些人害怕在公共场合发言。如果接到这一任务，需要代表所在单位参加某个会议并发言，他们的大脑中就开始把害怕的情绪放大，进而产生焦虑。还可能在发言过程中出现“卡壳”现象，头脑一片空白，事后更加焦虑。这就是在认知上把问题放大了，把压力放大了。

为避免思维放大的影响，应当尽可能理性、客观地看待压力事件。与其把焦虑扩散，导致茶不思、饭不想、夜不寐，不如把时间和精力用于准备发言内容以及其他相关事情。这类因具体事件产生的压力和焦虑情绪，往往来自没有经验或曾经失败的经验。要克服这类压力，只能积累经验，而经验来自行动和实践。

（3）抑制性应对

抑制性应对指用抑制的方式去应对所面对的压力，也就是“故意忽略”面对的压力，刻意回避可能会给自己带来压力的事件，或者刻意回避曾经给自己带来创伤的事件。这种思维方式并不是真正把压力源“抛之脑后”了。一旦遇到触发事件，可能会产生更痛苦的体验。因此，对于经常会发生的、给自己带来压力的事件，刻意回避是没有用的，还是要积极应对。

3. 通过改变行为来管理情绪

情绪丰富多彩，七情六欲、喜怒哀乐是我们生活的底色。虽然人们有时会“为赋新词强说愁”，但大部分情况下我们希望自己能够快点走出悲伤，或总是感到快乐。有一项研究让人们描述自己调节情绪的策略，最后发现有一千多种。但归根到底有两类，一类是认知策略，前文已经介绍过；另一类是行为策略，也就是通过具体的行动来改变自己的情绪体验。有些人通过改变认知，很快就能把情绪调节好；有些人即便知道需要改变认知，但如果没有同时采取具体行动，还是无法把情绪调节好。那么如何采取具体行动呢？

运动带来好心情。当情绪很不好时，通过运动来调节情绪是非常简单有效的方法。跑步、游泳、打球、冥想、太极拳、瑜伽等方法，都对调节情绪有积极作用。再次强调，要选择适合自己性格特点和身体条件的方法，并要坚持某种适合自己的方法，从长期实践中获益。

还有一些行为策略，如管理愤怒情绪的“20 秒”原则。在非常愤怒的情绪状态下，人很容易产生冲动行为，带来不可预知的后果。如果情绪很愤怒，可以想办法转移情绪 20 秒，从愤怒情境中抽离出来。20 秒虽然很短，但也足以让人进入理性状态、避免冲动行为。

有些情绪状态是由具体事情引发的，而且持续时间比较长，则需要在较长时间内坚持行为的改变，从而实现对情绪的有效调节。譬如，在面对让我们最不愉快、最不舒服的事情时，可以尝试一下理性行为三部曲：接受—接触—理解。接受，是指认识到压力源或消极情绪的存在，而且知道自己必须做些什么才能消除这个压力源或缓解消极情绪。接触，是指思考和寻求解决方法。理解，是指努力去发现这么做对自己生命的积极意义。

再以害怕在公共场合发言为例，如果这种情况比较严重，则属于“演讲焦虑”。有些人特别害怕当众发言或公开讲话，每当这种时候就会非常焦虑，甚至提前几天就开始焦虑。可以试一下用理性行为三部曲来应对演讲焦虑。首先，必须接受这个事实：公开演讲是工作要求，是必须履行的职责。其次，思考怎么去克服自己的演讲焦虑。例如，提前整理和充分了解自己要讲话的主要内容；向身边的前辈请教如何在公众场合发表讲话；在上台或发言前静坐、深呼吸、保持心情平静等。最后，要为自己的努力找一个积极意义，例如，如果克服这个难关，自己的工作能力、影响力可能会有更大提升。当然，最重要的一步还是行为——勇敢地做出行为改变，在克服焦虑的过程中感受自己取得的一点一滴的进步。

需要注意的是，如果焦虑、抑郁等消极情绪状态已经持续了一段时间，自己也想方设法进行过自我调适，但是情况没有改观，自己很难走出来，这时应当及时向专业人员、专业机构求助，避免延误最佳的干预时机、承受本不必要的痛苦。

情绪是心理学研究中一个既古老又年轻、既重要又复杂的主题。先哲们在提出“你是谁、从哪来、到哪去”这些问题的同时，也开始在哲学层面探讨“情绪的产生和结构、情绪与感觉的关系、情绪与认知的关系”等问题，但直到达尔文对面部表情的研究，人们才开始从科学层面研究情绪。近百年来对情绪的科学研究已经形成了丰富的成果，包括情绪理论（生理、认知、功能、精神分析、心理建构、社会建构等方面）、情绪的生理机制（边缘系统和皮质结构的相互作用）、情绪的主观体验和测量、情绪的外部表现和识别、情绪与记忆、注意、学习、决策、道德、行为、疾病等的关系，以及情绪的毕生发展。心理学对情绪的研究方兴未艾，人类对自身的好奇永无止境，人工智能的发展渴望让机器人像“大白”那样能够感知情绪和实现情感共鸣，我们期待这个领域有更多的研究和发现。

克服僵化思维

十九大报告指出，“当前，国内外形势正在发生深刻复杂变化，我国发展仍处于重要战略机遇期，前景十分光明，挑战也十分严峻。全党同志一定要登高望远、居安思危，勇于变革、勇于创新，永不僵化、永不停滞，团结带领全国各族人民决胜全面建成小康社会，奋力夺取新时代中国特色社会主义伟大胜利”[①]。

“勇于创新”和“永不僵化”，既是对思想认识的要求，也是对具体行动的要求。在心理学研究中，僵化思维和创造力都属于大脑的认知加工方式。思维是大脑的认知加工过程，也是智力活动的重要基础。有些思维过程看似很简单，甚至发生在一瞬间，但实际上思维很复杂，包括注意、记忆、模式识别、直觉、决策等很多内容。思维一直是心理学研究中的一个重要领域。本节将从什么是僵化思维、为什么会产生僵化思维、如何避免僵化思维三个方面进行介绍。

① 中国共产党第十九次全国代表大会.中国政府网. http：//www.gov.cn/zhuanti/19thcpc/index.htm[2020-12-15]

1. 什么是僵化思维

工作和生活中往往会遇到很多问题需要我们去解决。实际上，人类社会和每个人的生活，就是在不断解决问题的过程中进步的。在解决问题的过程中，僵化思维是常见的一个认识上的障碍，心理学研究中与其相对应的术语叫“思维定势”。简言之，思维定势就是习惯于延续过去的问题解决方法，即便是低效率的，甚至是错误的问题解决方法，也不会考虑创新，不会主动考虑其他可能的问题解决方法。

思维定势是在过去的心理活动过程中不知不觉产生的。过往的经验使得我们形成了一种特殊的心理准备状态，也是一种特殊的行为倾向性。当环境不变时，思维定势发挥的是积极作用，因为它能够帮助我们运用已经掌握的方法迅速解决问题。当环境发生变化、面对新情况新问题时，思维定势往往就会发挥消极作用，妨碍我们产生和使用新的方法去解决问题。

消极的思维定势是束缚创造性思维的枷锁。我们受到思维定势影响的情况比较多，其中最常见的一种是功能性的思维定势，意思是说，如果我们对一个东西很熟悉，往往会忽视它的其他用途或功能。心理学研究中常用的一个例子是“火柴盒实验”。让学生想办法在一块钉在墙上的木板上放蜡烛，同时还要使蜡烛能够正常燃烧。木板很薄，紧紧钉在墙壁上，与地面是垂直的，并没有任何可以支撑蜡烛的地方。研究者给学生提供的材料有火柴、蜡纸、纸盒、图钉和其他一些东西。实验设计是把学生分两组，用两种不同的方式把实验材料提供给学生，一组是把火柴、蜡烛、图钉等东西放在纸盒里提供给学生；另一组是把所有这些材料散放在桌子上提供给学生。结果发现，散放材料的这组学生更容易找到问题的解决办法：用图钉把盒子钉到墙上，然后把蜡烛在盒子上点燃。而对于另外一组所有材料都放在盒子里的学生，他们解决问题的难度较大，因为他们默认盒子是一个容器，而不是可以用来做实验和解决问题的材料。这反映的就是功能性思维定势的影响。

2. 为什么会产生僵化思维

僵化思维，特别是功能性思维定势产生的最主要原因是人类大脑有这样的认知加工特点。大脑为了提高认知加工能力，降低认知资源的消耗，会在不断认识很多新东西的过程中，自觉地对物体进行归类。无论是对客观世界中的物体，还是对社会生活中的经验，我们都会自觉地进行归类、提取共性特点、形成固有概念，在以后遇到类似的物体或事件时迅速做出判断和反应。这是人类认知加工能力的优势所在，而“副作用”就是容易导致思维定势，限制自己的想法，不能创新性地解决问题。

但是，认知加工并不是影响思维定势的唯一原因。还有一些因素也在影响着我们的创造力或问题解决能力。有些是个人因素，比如有些人害怕自己出洋相或者犯错误，不敢提出新的、可能是突破性的解决方案。有些是受我们的直觉或注意力影响，当关注于解决一个问题时，由于注意资源有限，不会主动分配到其他相关的事情上、去寻求别的问题解决方案。另外，还有可能受环境因素、文化因素的影响，比如在气氛比较严肃或紧张的场合，或者有权威人士或社会地位较高的人在场时，参与讨论问题解决方案的人可能会感受到社会压力，不太容易产生突破性的想法。

3. 如何避免僵化思维

我们每天都要解决无数的问题，思维定势对于我们创新性地解决问题是一种障碍。我们的思维受到已经学过的规则的限制，遇到一件事情时本能地会尝试用已经学过的方法去解决。因此，要避免僵化思维，最主要的两个办法是尝试新方法和学习新知识。

尝试新方法，包括两种可能：一种可能是你本来就掌握其他解决方法，只不过由于功能性思维定势的影响，没有想到使用这些方法；另一种可能是你不掌握新的解决方法，需要学习新知识。在解决问题的过程中，无论是老方法还是新方法，找规律很重要。举个例子，在开始玩魔方时，绝大多数人使用比较机械的问题解决办法，照着说明书一步一步转动魔方，但如果坚持玩一会儿就会发现转动魔方是有规律的。掌握了这些规律以后，成功的速度和概率就都提升了。同样的道理，在从事一些工作，特别是带有重复性质的工作时，一定要想办法找到其中的规律，知道规律是什么，就知道可以采用的方法有哪些。掌握规律还有助于提高效率。

学习新知识是避免僵化思维的重要手段。习近平总书记曾经讲过这样一段话："有人研究过，18 世纪以前，知识更新速度为 90 年左右翻一番；20 世纪 90 年代以来，知识更新加速到 3 至 5 年翻一番。近 50 年来，人类社会创造的知识比过去 3000 年的总和还要多。还有人说，在农耕时代，一个人读几年书，就可以用一辈子；在工业经济时代，一个人读十几年书，才够用一辈子；到了知识经济时代，一个人必须学习一辈子，才能跟上时代前进的脚步。"[①]时代在前进，对公职人员提出的要求更高，公职人员所面临的问题也更加复杂多样，有很多是时代发展过程中新产生的问题，是没有经验可循的。

时代在飞速发展，科技在飞速发展。在这个时代，学如逆水行舟，不进则退。如果我们不努力提高知识素养，不自觉学习工作所需要的科学知识，不主动加快知识更新、优化知识结构、拓宽眼界和视野，那就很难克服僵化思维的消极影响，很难增强本领，也就很难做到赢得主动、赢得优势、赢得未来。

① 习近平. 在中央党校建校 80 周年庆祝大会暨 2013 年春季学期开学典礼上的讲话. 理论视野，2013，3：5-8

| 主动适应人生发展的不同阶段 |

人生的旅程各不相同，有的坎坷，有的通顺。人生的旅程又有很大相似性，大部分人要经历婴儿期、儿童期、青少年期、成年期和老年期。在生命的各个阶段，我们都在不断学习新东西、适应新阶段。适应能力是心理健康的一个重要指标。无论是常态生活，还是遇到突发事件，我们都在不断适应。适应过程可以分为两类：主动适应和被动适应。主动适应往往意味着个体具有积极的心态和采取积极行动，在遇到内部或外部环境变化、生活变化、外部压力时，个体能够比较好地适应变化、恢复常态。被动适应往往意味着“抵抗”，个体不愿意顺应内部或外部环境的改变，又往往无力去改变环境，最终“筋疲力尽”，甚至心灰意冷、失去希望、最终选择一些极端行为。因此，适应能力对人的心身健康非常重要。在人一生的历程中，很多事情在发生变化，但不变的是我们应该学会主动适应。

著名心理学家爱利克·埃里克森（Erik Erikson）提出了非常有影响的“人生发展阶段理论”，这个理论对我们理解人的毕生发展很有指导作用。人生发展阶段理论的核心是：在人生的每个阶段，我们都可能会遇到特有的心理社会“困境”或“危机”，因此需要完成一些“关键任务”。我们就是在完成关键任务、成功解决这些困境或危机的过程中，不断使自己和家庭、社会之间达到新的平衡，从而健康发展、获得满意的生活。反之，如果困境或危机得不到解决，很可能会给之后的生活道路增添困难和坎坷。

第一阶段是出生后的第一年，面对的关键任务是“建立信任”。埃里克森认为一个人对他人、对世界是否信任的基本态度就是在这个阶段形成的。出生第一年的婴儿完全依赖他人，通常只会用哭闹来表达自己的需要或感觉。婴儿的哭闹所表达的需求并不一样，饿了哭、热了哭、生病了也哭。哭闹时，婴儿如果能够及时得到他们所需要的生理需求、爱抚、温暖等，就会形成“信任他人”的倾向。如果哭了很久也没人理、饿了很久也没人喂、父母对孩子态度很冷漠，婴儿就会形成“不信任他人”的倾向。这种不信任的基本态度可能会导致孩子在未来的成长过程中难以对别人建立安全感，容易猜疑别人。

第二阶段是1～3岁，面对的关键任务是“形成自主能力”。这个阶段的儿童开始表现出强烈的自己动手的意愿，开始爬行、触摸，好奇地探索各种各样的东西。但是，这个阶段的儿童往往也是非常地“笨手笨脚”，拿不稳、捉不住、常摔跤、爱尿床。这个阶段，如果孩子在探索世界的尝试中犯了错误，父母嘲笑孩子，或者一切都包办代替，孩子根本没有锻炼自主能力的机会，也就不可能具有掌握自己行动的能力，而且还会导致孩子怀疑自己的能力，或者对自己的行为感到羞耻。要知道，孩子们探索世界的行为是多么勇敢而可贵啊！

第三阶段是3～5岁，面对的关键任务是“培养主动精神”。这个阶段的儿童已经不是简单地形成自主自控的行为，而是开始明显表现出主动精神。他们开始做各种游戏，模仿现实生活、扮演社会角色。在做游戏的过程中，儿童开始学习制定计划和执行任务，同时开启了“十万个为什么”模式，不停地、甚至是重复地询问各种各样的问题。这个阶段，如果父母总是批评孩子，不让孩子玩游戏，或者不鼓励孩子提问、不认真对待孩子认真提出的问题，会让孩子产生内疚感，让孩子觉得似乎做游戏和提问题是错误的，也会无形中挫伤孩子的主动精神。作为父母，如果你现在觉得孩子很懒，什么都不干，什么都不会干，请你反思一下，是不是在孩子什么都想干的时候，你却是各种阻拦呢？

第四阶段是 6～12 岁，面对的关键任务是“养成勤奋的行为习惯”。这个阶段的孩子上学了，他的世界从小小的家庭快速扩展到家庭以外的学校和社会，开始面临很多新挑战。在学校里，孩子开始学习那些被社会认为“重要”的技能，开始读书、写字、画画、做手工、学习舞蹈等。如果在孩子学习过程中，适时对他的努力做出表扬，孩子会感受到激励、增添信心，更勤奋地投入到学习和活动中，并在从事这些有意义的活动的过程中养成勤奋的行为习惯。如果父母看不到孩子的努力，总是觉得孩子不够好或者在添乱，会让孩子产生自卑倾向，缩手缩脚不愿意投入学习和活动中。而且，这个阶段影响孩子的已经不仅仅是父母和家人了。教师、同学和其他成人也会对孩子产生影响，这也意味着如果发现孩子在某个方面存在问题，需要从多方面寻找导致问题的原因，而不是一味地指责孩子。

第五阶段是青少年时期，面对的关键任务是“角色统一”。这个阶段的孩子处于我们常说的“叛逆期”，心理和身体的成熟给孩子们带来新的感觉，社会生活的丰富给孩子们带来新的挑战。以前，他们只需要扮演好孩子的角色。进入学校、进入青春期后，他们学会的社会技能越多，要扮演的社会角色就越多。青少年需要根据自己的各种自我知觉和与他人的关系，建立统一的角色认同感，也就是把自己扮演的孩子、学生、朋友、恋人等不同角色在自我感觉上整合起来，把自己的各种矛盾的经历整合起来，形成统一自我。如果无法形成这种角色认同，他们可能会陷入角色混乱，不知道自己是谁，不知道何去何从。

对于上述 5 个阶段，未成年人通常是在不知不觉中适应和成长的。对于身为父母的人、其他未成年人监护人而言，最重要的是帮助孩子更好地适应和成长。以下几个阶段，则是给成年人的“人生忠告”，当步入这些人生发展阶段时，我们应该如何主动适应。

第六阶段是成年早期，面对的关键任务是“形成亲近感”。在这个阶段，一个人开始有了在生活中亲近他人的需要。埃里克森把这种亲近感定义为“一种关心他人并与他人同甘共苦的能力”。在完成角色认同后，个体开始准备与其他人分享自己的生活。在理解亲近感时，我们应当认识到，亲近感来自亲密关系，但婚姻或性关系不一定能够让人获得亲密关系，形式上的关系不代表真正的情感体验，真正的亲近感是拥有激情、责任和长期承诺的爱情。如果处于婚姻状态，但是婚姻质量不高、情感交流不好，人也不可能真正获得亲近感。这个人生阶段如果无法获得亲近感，人就可能陷入深深的孤立感，感到被遗忘，也会对以后阶段的发展带来困难。

第七阶段是成年中期，面对的关键任务是“形成普遍关注的能力”。普遍关注指的是通过关心自己、关心自己的孩子和关心后代所体现出来的一种素质。进入成年期，人的动力来自指导下一代，但这不是唯一的动力，也可以通过有创造性、有成果的工作来实现普遍关注。成年中期的人们要能够放眼整个社会，关心他人的幸福，并为此贡献自己的力量。如果不是普遍关注，而是只关注自己，很可能会逐渐失去生活的意义感，陷入郁郁寡欢而不能自拔。

第八阶段是成年晚期，面对的关键任务是“形成完满感”。老年时期是反省的时期。一生过得充实、对自己和社会负责的人，会有一种完满感。如果带着遗憾看以前的生活，往往会带来愧疚感、悔恨感和绝望感，衰老和死亡的威胁更会加重恐惧感。按照埃里克森的看法，一个人应当抱着接受自己和满意的态度回顾一生。

埃里克森提出的这个理论，刻画了人在毕生发展过程中的一些关键环节，为我们理解自己的人生经历、预期未来的人生历程提供了借鉴。但是，这个理论是对规律的描述，不能死板地套用在具体的某个人身上，更不应该用这些理论来懊悔过去，指责自己或父母、家人。有些人可能会经历某个或某几个阶段的危机，有些人可能不会有明显感受，这就是个体差异，是客观存在。我们学习这些理论、掌握这些规律，是为了更好地指导我们的生活，为主动适应下一个人生阶段做好准备。

第三章

家和万事兴：营造良好家庭氛围

家庭是社会的细胞，是每个人成长的起点。家庭环境对一个人的心理健康具有奠基性的影响。安全温暖的家庭环境是孩子心理健康和成长成才的重要保障。婚姻关系、亲子关系、家庭关系、父母养育风格、家庭沟通方式等，不仅影响每一个家庭成员的心理健康，而且影响着孩子的人格发展和学习成绩，影响着成年人的工作绩效，也影响着社会的和谐稳定。家和万事兴，家庭心理建设至关重要。

揭开爱情的面纱

爱情是一种很美妙也很复杂的情感体验。无论从事什么职业、承担什么社会角色，每一个成年人首先是一个有血有肉、有情有义的人，成家立业是人生的重要阶段和内容，爱情是让人憧憬、给人支持、与人温暖的珍贵的情感体验。

年轻的、单身的公职人员向往着爱情；已经成家立业、正经受着上有老下有小考验的公职人员，从爱情中得到支持和力量；步入人生暮年的公职人员，在逐渐回归家庭的时候，可能越发珍视爱情。

在中华传统文化中，对爱情的表达一直比较含蓄，而在走向现代化的过程中，越来越多的人勇于、乐于、善于表达爱情，也能够感受到爱情对一个人的生命和生活的滋润。高质量的爱情对一个人的成长和发展、对一个人的幸福体验至关重要。心理学家也很关注爱情这个主题，特别是从心理学的角度，对爱情的要素、影响爱情质量的因素等做了不少研究，提出了一些很有意思的理论。

1. 构成爱情的要素

爱情很好描写，但爱情很难研究。在文学家笔下，爱情是美好的、痛苦的、短暂的、永恒的，可以用很多互相矛盾的语言，描述这个似乎捉摸不定的情感。在心理学家、社会学家的研究中，总是希望发现爱情的要素、爱情的成分，期望揭开爱情的面纱，了解爱情的奥秘，让更多人爱得不盲目、爱得更长久。

其中，心理学家罗伯特·斯腾伯格（Robert Sternberg）提出的“爱情三成分理论”很有影响。他认为爱情是一个等边三角形，三个顶点分别是激情、承诺和亲密。激情和亲密构成了浪漫之爱，激情和承诺构成了愚昧之爱，承诺和亲密构成了伴侣之爱。三者兼具则是完美的爱。

社会学家约翰·李（John Lee）和心理学家克莱德·亨德里克（Clyde Hendrick）也对爱情进行了研究，认为爱情有三种基本形式：一种是情欲之爱，体现了充满自我表露的浪漫激情的爱；一种是游戏之爱，把爱情视为不需要负责的游戏；还有一种是友谊之爱，是一种如同友谊般的感情。这三种爱就像三原色一样组成不同种类的爱情形式。

按照这些理论，仅有鲜花、巧克力、豪车和美景的爱并不代表完美，因为没有天长地久的承诺。一日不见如隔三秋、赌咒发誓白头到老的爱也不完美，如果发誓的双方根本没有一起生活的现实可能，也不能称为真正的爱情。执子之手与子偕老、相敬如宾礼貌有加的爱，倒是可以成全一段姻缘，但似乎也不够完美，毕竟爱情还是需要一些浪漫和激情的。

这些理论各有侧重，但我们还是可以从中窥得一斑。在爱情关系，特别是一段高质量的爱情关系中，有一些要素是共同的，例如互相心动、互相理解、互相支持、长期陪伴、共同成长。

2. 影响爱情质量的因素

影响爱情质量的因素很多，如青梅竹马、门当户对、三观一致、互相忠诚。还有一些影响因素是心理学家的研究成果，或许对将要或正处于爱情关系中、感受着甜蜜又有些困惑的人有帮助。

1）自我表露

自我表露就像是一个窗口，指一个人把自己的情感、态度、观念、想法向另一个人表露出来。在一段亲密关系中，随着关系的深入和发展，通常一方或双方会越来越多地向对方展现自我。如果双方都能够自我表露，而且展现的是“真实自我”，那么双方之间的了解会越来越深入，对增进感情或决定关系的走向有帮助。但是，自我表露是有条件的，它是人际交往中的一种方式，目的在于增进人际关系，而不是无原则地放任自己。

自我表露是对真实自我的表露，而不是在爱人面前像孔雀开屏一般只表露好的一面。事实上，如果能够坦诚地向对方表露自己的弱点和缺点，这种真实表达自己的内在感受、获得爱人的信任所带来的满足感，更有助于增进亲密关系。

自我表露是为了增进了解，而不是在爱人面前为所欲为。如果只表露自己的消极情绪，把工作和社会生活中的烦恼一股脑在爱人面前倾倒出来，或者肆意表露自己不好的行为习惯，这种自我表露不仅不可能增进感情，而且往往有损于感情。自我表露的目的是坦诚交流、增进了解、增进感情，不是放任自己，更不是把爱人当成垃圾桶。

自我表露也有个体差异，有些人擅长把自己的内心世界展示出来，有些人更愿意有所保留。因此，不要苛求自己的爱人一定要像自己一样表露，也不要试图完全、彻底了解对方，掌握对方一切行踪。处于爱情关系中的双方，首先是独立自主的个体，即便能够更好地沟通和互相理解，也不可能做到完全了解、一览无余，互相尊重才是亲密关系的重要基础。

高质量的爱情需要双方的自我表露，但自我表露应当处于一个“恰当”的水平，不是为了表露而表露，也不能很为难地表露。增进相互的信任和感情，才是自我表露的目的。

2）公平

爱人之间也需要公平。但是，爱情中的公平不是狭义的物质上或具体行为上的公平。如果亲密关系的一方天天记账，今天花了多少钱、我为他做了什么事，然后希望得到对方的对等回报，那这段关系离夭折就不远了。

爱情中的公平，是指双方要考虑对方的感受、尊重对方的需求、愿意为对方付出，而不是一味追求个人需求的满足。在遇到事情或问题时，能够分担责任、共同解决问题，而不是先划分责任大小，再指责或抱怨。处于一段亲密关系中的人，也许不会在意短期内付出与收获是不是公平，但是如果期望维持一段长期的亲密关系，那么公平原则会发挥重要作用。有研究发现，如果是处于公平关系之中，那么双方对亲密关系的满意度往往会更高。

3）依恋关系

依恋关系对爱情质量有深远、深刻的影响。心理学研究发现，一个人在婴儿期对他的养育者会产生一定类型的依恋风格，婴儿期形成的依恋风格会影响到成年以后与他人的亲密关系。如果一个人在婴儿期时对父母的依恋是“安全型依恋”，那么成年以后进入一段爱情关系时，他也会感受到安全依恋。如果婴儿期对父母的依恋是一种矛盾型或回避型依恋，成年期的爱情关系中往往也会受这种依恋风格影响。依恋关系是一个很重要的心理学概念，不仅影响爱情质量，还影响一个人的安全感、信任感等非常基础的心理特征，后文还会对这一心理特质进行详细说明。

影响爱情质量的因素远不止这些。每一对亲密关系中的双方都有各自的人生经验和看重的方面。无论如何，人的社会性的一个很重要体现就是人有强烈的归属需要，而亲密关系是满足这种归属需要非常重要的一种人生体验。

除了爱情，生活中还有其他类型的亲密关系，如来自家人和朋友的亲密关系，与爱情一样，它们都可以预测我们的健康和幸福。孤独的人往往会面临更多的压力，睡眠质量更差，健康问题更多，自杀行为也更多。如果希望做一个幸福、快乐的人，那么要先争取拥有高质量的爱情或高质量的亲密关系。

影响婚姻质量的因素

沐浴爱情，携手婚姻，组成家庭，在这个人生旅程中，婚姻至关重要。婚姻是爱情的港湾，高质量的婚姻是美好家庭的前提。家庭是人生的第一个课堂，父母是孩子的第一任老师。家庭和睦则社会安定，家庭幸福则社会祥和，家庭文明则社会文明。就像习近平总书记说的："千家万户都好，国家才能好，民族才能好。"①

营造良好的家庭氛围、拥有健康幸福的婚姻关系，不仅是家庭和个人小事，对工作也有大影响。要做到这一点并不容易，否则也不会有"清官难断家务事"一说。有一些关键要素，对婚姻关系和婚姻质量很有影响，我们应当重点关注四点：夫妻之间的沟通方式、互动行为、社会关系，以及相互之间的包容和尊重。

1. 沟通方式影响婚姻质量

大部分人会在人生的某个阶段走入婚姻，会在婚姻关系中度过自己人生中很长的一段时间。婚姻关系的质量在某种意义上也代表着一个人的生活质量。心理学家很早就好奇并研究了到底是什么影响着一段婚姻是否幸福。在 20 世纪 50 年代以前，占主流的观点是从人格特点的角度进行分析，认为夫妻双方的人格特点影响着婚姻是否幸福。心理学家会

① 习近平：千家万户都好，国家民族才能好. 新华网. http://www.xinhuanet.com/mrdx/2016-12/13/c.135900355.htm［2016-12-13］

用一些方法测量夫妻双方的人格特点，分析这些具体的指标与婚姻质量的关系。这些研究很有意思，但是似乎不太容易指导实践，毕竟人格特点很复杂，具体到夫妻双方时，很难说其中一个人的人格特点中的什么要素、两个人诸多人格特点的匹配度就会决定或影响婚姻质量。而且，人格特点是在成长过程中逐渐形成的，成年人要改变自己的人格和性格特点是很难的。

与人格特点相比，沟通方式对婚姻质量的影响研究更具有指导意义。心理学研究发现夫妻之间的沟通存在三种主要模式：一种是建设型沟通，一种是回避型沟通，还有一种是要求-退缩型沟通。建设型沟通是指遇到问题时夫妻双方会一起讨论，能够做到互相理解和协商解决问题。回避型沟通是指遇到问题时夫妻双方都回避讨论这个问题，当然也就谈不上共同努力解决问题。要求-退缩型沟通是指一方抱怨、指责另一方，要求对方做出改变，而另一方则沉默回避，试图转移话题或终止讨论，甚至不愿意直面问题。这种沟通行为往往会形成恶性循环，一方的要求引发另一方的退缩，这种退缩又激化前一方的要求。

生活中总会遇到各种各样的问题，需要夫妻双方一起去解决，而沟通是解决问题的前提。很显然，建设型沟通更有助于夫妻双方共同面对问题、共同承担责任和解决问题。

2. 互动行为影响婚姻质量

在夫妻之间各种各样的互动行为中，回避行为是影响婚姻质量的一个重要因素。回避行为很可能导致冷战，形成冷暴力，对婚姻关系造成伤害。

夫妻之间的回避行为可以分为三种，这三种回避行为有不同的影响。第一种是回避愤怒，是指面对对方的批评指责时，做出回避的行为，但是这种回避带有敌意、拒绝等消极情绪，具有防御性质。第二种是回避冲突，通过转移话题或者以开玩笑的方式回避。这种方式看上去是在避免冲突，实际上是在回避矛盾。如果可能引发冲突的问题是客观存在的，回避不可能解决问题，而且还会给对方带来“你不愿意承担责任”的感觉。第三种是回避亲密，也就是回避伴侣的亲密行为。

生活中经常有这样的情况，工作压力大、好不容易才完成一天的工作，很晚才回家，一进门看到爱人的脸色不对，如果是与两人关系有关的问题，就想回避一下，躲过一天是一天，回避一下也许就不会发生什么了。但这个时候应该要好好想一想，回避到底对不对。不能一概而论这些回避都不对，如果处在冲突马上就要爆发或升级的状态下，一定程度的回避可以避免事态升级，但如果回避的结果是冷战和冷暴力，那么这种回避就不是在解决问题，而是制造问题了。

3. 社会关系影响婚姻质量

一个人从出生起就存在于一定的社会关系中，选择婚姻伴侣的同时也就选择了对方的社会关系。两个人的婚姻往往是两个家族之间的联姻。心理学研究发现，夫妻之间的社会关系与婚姻是否幸福密切相关。建立一段婚姻关系后，夫妻、各自的朋友、各自的家庭成员，从陌生关系进入到亲密关系和法律关系中，亲密关系和法律关系构成了影响婚姻质量的社会关系。法律关系有法律条文约束，亲密关系就需要用情感和行为去维护。

社会关系对婚姻的影响往往有两种类型，一种是支持，另一种是干扰。支持是指夫妻双方的社会关系可以促进婚姻的满意度，干扰则是指夫妻双方的社会关系对婚姻起到了破坏作用。

社会关系与婚姻质量之间是相互影响的，而影响的核心在于夫妻双方的感受。本质上，是夫妻双方的感受决定着婚姻质量，影响着双方的社会关系。

在中国的社会现实中，夫妻双方构成的核心小家庭往往会受到双方父母和各自家族的关注，会受到双方社会关系的关注，这种关注往往伴随着评价。如果夫妻双方对自己的婚姻没有一个明确和坚定的认识，很可能会受到外在评价的影响。当然，这种社会评价的影响可能是积极的，也可能是消极的。积极的社会关系是重要的社会支持，消极的社会关系则无异于刀枪棍棒。

鞋子合不合脚，只有自己穿过才知道；梨子酸不酸，只有自己尝过才知道。组建了家庭的夫妻已经是成年人，都有一定的社会经验，有一定的自知力和判断力。虽然我们很难避免婚姻质量与社会关系之间的互相影响，但是应当努力去让这两者之间发挥积极影响，而不是消极影响。

4. 包容与尊重

影响婚姻质量的因素还有很多。除了前面提到的沟通方式、互动行为和社会关系外，还有两个因素应当引起我们的关注。

首先是包容。中国文化特别强调家族亲缘关系，很多家庭是三代人生活在一起，祖辈照料家务、照顾孙辈，小两口上班赚钱、养家糊口。三代人生活在一起，“包容”成为影响婚姻质量的关键词。

有一期娱乐节目曾经引起较大反响，节目主题是让两代人对“人生最重要”进行排序。“80 后”的子女一代选择把自己放在第一位，随后是伴侣、孩子、父母，而“60 后”的父母一代选择把子女放在第一位。这个节目引发热议，很多年轻网友评论认同“80 后”的选择，也有很多中老年网友表达了对“80 后”选择的不认同。这个选择差异反映着代际价值观的差异。也许“80 后”步入老年时再做选择，会做出不一样的选择。无论怎么选择，可以看到在当下，同一个家庭里每个成员的价值观、态度和行为都可能很不一样。每个人都不一样，这是时代塑造的，也是每个人的成长经历塑造的，甚至也是每个成员作为家庭成员之间的互动塑造而成的。这种代际差异客观存在，而且很难改变，因此，家庭成员之间的包容越发重要。

互相尊重也很重要。中国传统文化中有一种比较特别的价值取向，就是“重子女而轻配偶”。这个“轻配偶”在行为中有很多具体表现，最主要的表现就是在孩子身上花的时间精力多，在配偶身上花的时间精力少。其实，无论是男性还是女性，在配偶身上多花一些时间精力，处理好与配偶的关系，塑造良好的家庭氛围，由此给孩子带来的积极影响更重要，比单方面关注孩子更重要。

心理学对于婚姻满意度的研究发现，如果一个人在婚姻生活中有一定的自主权，那么他/她所感受到的婚姻满意度更高。比如，在个人消费、业余爱好、社会交往方面，如果夫妻双方能够在互相信任的基础上，尊重对方的兴趣爱好，给对方一定的空间、一定的自主权，这样的婚姻更容易得到双方的认同和满意。高质量的婚姻，意味着能够给孩子营造一个温暖和谐的家庭氛围，这对孩子的成长是至关重要的。

在开始一段恋情时，我们总是期望能够最终走向婚姻。在开始一段婚姻时，我们也总是期望能够最终走向家庭，共同撑起一个遮风挡雨、美满幸福的家。但是，婚姻不一定总是完美的。很多人选择自己的终身伴侣之后，却发现对方并不适合自己。媒体报道中也总是在描述离婚率不断提高。导致离婚率提高的因素很多，其中对爱情和婚姻质量更看重、不迁就也是其中之一。本质上，这是一种社会进步，同时也在提醒我们，择偶和处理婚姻关系时应当更加用心和投入。

高质量的爱情和婚姻关系是双方一起创造出来的，不是随机选择而来的。轻易放弃一段婚姻，意味着没有努力去培养感情；如果习惯了轻易放弃，无异于对生活中的很多事情都不努力；如果形成了这样的态度和行为习惯，就算再进入一段婚姻关系，恐怕也很难维护好、很难获得满意的婚姻。我们应当对婚姻抱以美好的期望，把婚姻和家庭作为自己实现人生价值、获得丰富人生体验的重要途径，同时，也要付诸努力，去维护爱情、婚姻和家庭。

起跑线上的儿童教育

注重家庭、家教、家风，应当是家长们的首要职责。教育子女是家风家教的重要内容。生活中有一句俗语是“三岁看大、七岁看老”，心理学家也会说“七岁之前定终身”，意思是儿童早期接受的养育对他后来的成长有重要影响。有的公职人员忙于工作，把教育子女的责任完全交给了爱人，甚至夫妻双方都不重视孩子的早期发展，以为孩子上学后自然会有学校、有老师来教育，结果到后来追悔莫及。孩子的早期发展至关重要，缺了这一课是很难补起来的。

现在，社会越来越重视孩子的教育，只是有很多父母不知道该如何教育和培养孩子，缺少了解这些知识和方法的平台。中国科学院心理研究所做过一项调查，以了解受访者对心理健康服务的需求，研究者列出了六项常见的心理健康知识，询问受访者是否需要这些知识，结果显示需求率最高的是“自我调节”，其次是“教育子女”，后面四项依次是“人际交往”、“心理疾病防治”、“职业指导”和“婚姻”。本节内容针对当前教育中存在的主要问题，特别强调三点：一是给孩子创造全面发展的条件和机会，二是重视游戏对孩子全面发展的作用，三是尊重孩子的个体差异。

1. 给孩子创造全面发展的条件和机会

要培养一个心智健全的孩子、塑造良好的亲子关系，首要前提是给孩子创造全面发展的条件和机会。全面发展包括身体发展、认知发展、社会性发展和道德发展。在现实生活中，家长们往往更重视孩子的身体发展和认知发展，而忽视了社会性发展和道德发展。

1）身体发展

身体发展是孩子健康成长的前提。除了保障孩子的生活起居、生病及时就医外，还应关注孩子成长的客观规律。孩子的身体发展有规律，以婴儿期的动作发展为例，心理学家研究发现，婴儿出生时就具有一系列反射行为，如觅食反射、吸吮反射。随着时间的推移，婴儿的动作越来越精细、复杂，但是动作的发展遵循着两条基本原则：一条是“头尾原则”，婴儿通常先学会控制自己的头部、胳膊，然后是躯干、双腿；另一条是“近远原则”，婴儿在学会控制自己的手肘和膝盖之前，先学会控制自己的躯干，然后才学会控制双手和双脚。继续长大，孩子在学习走路、吃饭、如厕等行为时，在学习语言、舞蹈、绘画、武术等更复杂的内容时，也有一些规律可循。家长们学习这些科学知识，能够在孩子成长的关键期为孩子提供力所能及、真正有助于成长的条件，也是在更好地履行父母的职责。

2）认知发展

认知发展指儿童认知能力的发展。心理学家让·皮亚杰（Jean Piaget）在这个领域的研究成果非常有影响。他认为儿童的认知发展包括四个阶段：①感觉运动阶段（从出生到2岁），婴儿通过自己的动作和感觉获取对世界的经验，发展图式，开始出现有目的的行为。②前运算阶段（2～6岁），儿童获得了运动技能，但是不能理解物理特征的守恒性。在这一阶段的开始，儿童的思维以自我为中心，而到这一阶段结束时，儿童对他人的思维有了基本的了解。有的父母轻易给自己的孩子贴标签，说孩子“自私”，不愿意与小朋友分享玩具。其实，在这个年龄段，尤其是开始阶段，孩子的认知发展还没有成熟，还处于以自我为中心的阶段。孩子不是不愿意分享，而是还没有形成分享的意识。由此表现出来的行为也不是自私，而是这个年龄段大部分孩子的正常表现。③具体运算阶段（6～11岁），儿童对客观事物和事件能够进行逻辑思考，能够理解物理特征的守恒性。④形式运算阶段（11岁以上），儿童能够对抽象的命题和假设进行逻辑思维。

皮亚杰的理论对我们了解孩子的认知发展过程很有启发，但任何一个理论都不会是完美的，都在不断完善中。现代心理学家认为儿童的认知发展更像是一个连续体，在某个阶段有一些典型特征，但不要割裂或很教条地套用到孩子的发展和教育中。此外，随着测量儿童认知发展的工具不断更新，儿童认知发展的年龄阶段的确定标准也在不断更新。孩子的认知发展有规律，拔苗助长可能会伤害孩子的学习能力和自信心，但在发展的关键期没有接受很好的教育也会影响孩子的认知发展。

3）社会性发展

社会性发展，这一点是最需要年轻的父母们特别关注的。社会性发展是指孩子在社会生活中，通过观察、模仿等方式学习复杂的社会行为，在这个过程中进行人格的塑造和行为的发展。生活中，爸爸妈妈们很重视给孩子买图书、买玩具、报各种学习班，很早就开始让孩子读书认字，对孩子的认知发展投入了很多时间和精力，反而忽视了孩子的社会性发展。对孩子的全面发展来说，社会性发展非常重要。

从对社会性发展的解释，家长们应该能够意识到，要把孩子放到现实的社会情境中，有意识地引导孩子去与其他人互动，才可能让孩子掌握社会行为，实现社会性发展。孩子之间的娱乐和互动，是他们学习社会行为的过程。孩子们在一起玩闹、做游戏，模仿成年人的世界和社会行为。在玩闹和做游戏的过程中，如果孩子们没有表现出极端行为来，那么家长的过多介入反倒会阻碍孩子的社会性发展。

还有一个很重要的概念是依恋关系，对孩子的社会性发展也有重要影响。研究发现，婴儿天生就具有与照顾自己的人之间形成某种依恋关系的能力。前文在介绍爱情时也强调过依恋关系的重要性。依恋关系不仅影响孩子的成长、影响孩子与爸爸妈妈的关系，甚至可能会影响到孩子成年以后的人际关系和婚姻质量。

心理学家设计了一些实验，来研究孩子的依恋关系。一个代表性的实验是这样做的：设置几种不同的实验情境，例如把孩子和父母（主要是妈妈）一起带到一个房间，随后让妈妈离开房间一小会儿，然后再回来，观察孩子在这个过程中的行为反应。参与实验的妈妈和孩子有很多对，参与实验者的数量也是按照实验设计的要求测算的。实验设计还控制了其他可能会影响实验结果的因素。结果发现孩子们的表现不太一样，主要有四种依恋风格。

（1）安全型依恋。当父母离开时，孩子可能会、也可能不会表现出焦虑。当父母返回时，不焦虑的孩子会看看父母，焦虑的孩子会向父母靠近，父母安慰一下他们就不焦虑了。这类孩子占 60%。

（2）回避型依恋。当父母离开时孩子不会表现出焦虑，当父母返回时，孩子也不会关注父母已经回来了。这类孩子占 20%。

（3）矛盾型依恋。当父母离开时孩子会表现出焦虑，当父母返回时，孩子会很抗拒，企图拒绝父母的安抚，仿佛要惩罚父母。这类孩子占 15%。

（4）混乱型依恋。这类孩子对父母的离开和返回表现出不固定的行为反应。这类孩子占 5%。

大量研究发现，在婴儿期形成安全型依恋关系的孩子，无论是心理上的幸福感，还是学业成绩、人际关系质量等，都比非安全型依恋的孩子好。

那么，婴儿的依恋风格是怎么形成的呢？首先与婴儿天生的气质有关，但更主要的是与父母的养育方式有关。研究发现，安全型依恋的孩子，他们的父母往往擅长于发现孩子的需求，当孩子哭的时候，很快就能判断出孩子是饿了还是睡得不舒服，或者是身体不舒服，并及时对这些需求做出反应。而矛盾型依恋的孩子，他们的父母对孩子的表现往往是不稳定的，在孩子有需求时，有时候能够满足，有时候不去满足。回避型依恋的孩子，他们的父母往往对孩子的需求表现出冷漠、冷淡，甚至不愿意爱抚孩子。这些社会互动塑造了孩子的“人际关系内部工作模式”，继而影响孩子未来的发展。

4）道德发展

为什么孩子看到妈妈在哭泣时，会去拥抱妈妈、安慰妈妈？为什么孩子知道不能打小朋友？他是真的知道不应该打人，还是只是简单地服从大人的命令？在幼儿园里，为什么有些小孩知道玩具玩完了以后要放回柜子里，有些却不懂？这只是孩子的行为表现，还是孩子真的有公共意识和规则意识？这些问题归根到底是一个问题——孩子是如何做出这些道德判断的？

心理学家对儿童的道德发展也做了很多研究。儿童对于正确与错误、是与非的判断，也是在成长过程中逐渐形成、逐渐发展起来的。3 岁之前，孩子并不理解规则，而是简单地服从父母的要求。幼儿园阶段，孩子除了简单服从，还会看行为所造成的后果。被表扬就认为行为是对的，被批评就认为行为是错的，而不会考虑行为背后的原因。小学阶段，孩子开始考虑行为背后的原因，开始从抽象道德准则的角度去思考自己应不应该做、应该怎么做。再长大一些之后，他们才真正从公正、社会规则等原则去做出道德判断。

道德发展，就是孩子学习明辨是非与善恶、实践道德规范的过程。上面提到的这几个阶段不是割裂的，实际上在每个阶段对孩子行为的引导，都与他长大成人后的道德判断和行为有关。无论道德判断的产生机制是什么，家长在孩子的生命早期进行正确的道德教育是至关重要的，不能缺失这一课。

2. 游戏对孩子的全面发展很重要

游戏对孩子的智力发展很重要。一岁以前的孩子主要是跟自己玩，例如吸手指、玩脚丫。1～2岁时，孩子的游戏水平开始突飞猛进，他们学会了玩各种玩具，学会了模仿，学会了假装，假装盯着手腕上画的表看时间，假装一个小盒子是小汽车，放在地上使劲推，假装拿到的每一个东西都是垃圾，积极地扔进垃圾桶。这些游戏行为背后，是孩子正在通过假装和模仿来构建他们的心理表象。

心理表象，实际上就是孩子认识世界和做出行动的基本表征。随着年龄的增长，孩子的游戏越来越复杂，而且他们会把游戏和生活结合起来，开始扮演各种各样的角色、设计一个完整的故事、演不下去时还会停下来修改。也就是在这个过程中，孩子开始学习认识社会、学习社会交往。在研究中，皮亚杰发现玩过大量的“假装”游戏的学前儿童，或者说经受过这方面训练的孩子，在认知发展、语言技能、创造力测验中的表现都会更好。

游戏对孩子的社会性发展也很重要。孩子在扮演不同角色、体验社会交往时，一定会出现各种各样的问题，就像成年人在社会生活中遇到的问题一样，孩子在解决问题的过程中获得成长。在玩的过程中，孩子的社交技能得到了锻炼，他们学习尊重别人、学会合作、学会在一定程度上的接受和忍耐、学习如何解决小朋友之间出现的矛盾和争端。玩游戏的过程中，孩子还会表达出他们的情绪，如果他因为某件事情受到了爸爸妈妈的责骂，在玩游戏时，他们可能会责骂小朋友或玩具娃娃。孩子在游戏中学会社会技能、学会理解权威和遵守基本的社会规则。社会技能更成熟的孩子，也更容易得到其他小朋友的欢迎。这里所说的成熟，不是超越年龄的“小大人”似的成熟，而是孩子掌握了他这个年龄段应该掌握的社会技能。但拔苗助长对孩子的成长是有副作用的。

之所以专门强调游戏的重要性，是因为很多年轻的父母忽视了这一点。特别是当前，看电视和玩电子游戏占据了很多生活时间，有一些年轻的父母给孩子塞一个手机或平板电脑，看到孩子熟练地玩游戏，还觉得是孩子聪明的表现，实际上是在剥夺孩子社会性发展的条件。对孩子来说，跟父母和小朋友一起做游戏，比玩电脑游戏重要得多。

3. 尊重孩子的个体差异

在养育孩子中，特别需要强调的是，应当重视和尊重孩子的个体差异。龙生九子、各不相同。同一个家庭里出生的孩子，基因相似度很高，但是在个体特征、个体能力方面可能差异很大，更不用说不同家庭的孩子。如果不尊重孩子的个体差异，试图用一种教育模式对待差异很大的孩子，很可能对孩子的成长造成伤害。总是拿自己的孩子与“别人家的孩子”比，而且总是批评自己的孩子差、不如别人家的孩子好，这种“伤自尊”的教育方式更糟糕。

有的孩子可能语言能力强，有的运算能力好，有的在艺术或体育方面天赋异禀；有的可能在某个方面比较突出，有的可能在很多方面比较突出，但现实是，大部分孩子是普通孩子。如果孩子真的在某些方面突出，家长和老师是不会忽视的。所以，对大部分家长而言，给孩子创造条件，让孩子在某个方面早一些积累，就像“笨鸟先飞”，可能更有助于保护孩子的自尊心和帮助孩子掌握这个方面的能力。从比较功利的角度看，这也有助于孩子积累“竞争优势”。无论是表现突出的孩子，还是普普通通的孩子，健康和快乐都是最重要的。

社会文化和社会规则代代传承，下一代不仅仅是通过学校和社会的教学和训练去学习，更重要的是通过对父母、长辈和其他人的行为模式的观察来学习。父母是孩子的第一任老师，但是父母们往往没有经过“上岗培训”就开始承担人生导师的职责。很多负责任的父母正在通过各种渠道学习教育孩子的科学知识和方法，教育系统和社会也在通过家校一体化、家长学校等平台为父母提供学习机会。教育子女是最值得投入时间和精力的事情，教育子女也是最需要科学知识的事情。认识到这一点，马上开始学习和实践，不管孩子有多大，父母的行动都不晚。

不同教养方式对孩子的影响

在生活中，说一个孩子是“听话的孩子”，通常大家认为这是表扬，认为这孩子一定是个好孩子。为了让孩子听话，家长会创造很多方法，软硬兼施、刚柔并济。实在没办法的家长，或者面对一些“特别不听话”的孩子的家长，觉得自己无能为力、学校也管教不了，会转而向社会求助。媒体报道过不少类似于网瘾戒治中心这样的场所，也看到过不少对这类场所的指责。孩子进去以后，等待他们的是剥夺人身自由、殴打、恐吓等体罚和精神折磨。这些强制的、暴力的办法真的能够实现让孩子听话的目的吗？我们并没有看到有数据显示这些方法有效、有多少孩子真的变成父母期望的样子，反而看到不少孩子因此而受创伤，甚至为此失去生命。这些悲剧，始于当初父母把孩子送进去，希望接出来一个“听话的孩子”。

父母希望孩子听话，希望培养出一个学习成绩好、能够考进好大学、能够找到好工作、能够过上体面生活的孩子。所有家长都这么希望，但孩子并不会都按照这个期望去成长。影响孩子成长的因素很复杂，除了先天的因素，后天成长环境的影响也很大，特别是父母教养方式的影响。

1. 四种教养方式

心理学研究发现，有四种常见的教养方式，分别是专制型、权威型、放任型和不作为型。

专制型教养方式，顾名思义，是控制程度很高的一种教养方式。父母会提出很多规则，要求孩子严格遵守。而且，父母往往很少向孩子解释为什么要有这些规则、为什么要遵守，而是简单粗暴地通过惩罚和强制性的要求让孩子顺从。

权威型教养方式与专制型教养方式不同，具有一定的控制性，但是又比较灵活。这种类型的父母会对孩子提出很多要求，但这些要求是合理的，而且会向孩子说明为什么要遵守这些要求。与专制型的父母相比，权威型的父母更能够接纳孩子的观点并做出反应，也会征求孩子对家庭事务的意见，所以这种权威是通过尊重孩子和以合理民主的方式来影响孩子，而不是靠强制、命令等方式来影响孩子。父母通过这种方式从孩子这里得到的权威，是真正的权威，是孩子内心深处的尊重。

放任型教养方式是一种接纳程度比较高同时也比较自由的教养方式，这种类型的父母很少提出要求，允许孩子自由表达自己的想法，不会密切监控孩子的行动，也很少对孩子的行为做出强硬的控制或要求。这种教养方式形成的亲子关系往往比较融洽，但在孩子的成长、成才方面则效果不稳定。

不作为型教养方式是一种完全放任自由而且要求极低的教养方式，这种类型的父母可能会拒绝孩子的要求，可能会由于关注自己的事情而忽视孩子，对孩子投入的时间和精力极少，几乎不会对孩子提规则和要求，经常无视孩子的需要。这可以说是一种不负责任的教养方式。

不同的教养方式会教养出不同的孩子。研究发现，权威型教养方式是四种教养方式中更有利于孩子成长的教养方式，与孩子的智力发展、社会性发展、情感发展都有关系。权威型教养方式之所以能够发挥积极作用，首先在于这样的父母对孩子是关爱和接纳的。这个类型的父母不会对孩子有不切实际的期望，能够把关爱和合理控制恰当地进行结合。

从孕育孩子的那一刻起，父母就在对孩子施加影响。婴幼儿期和入学前，孩子的主要活动场所在家里，父母教养方式的影响非常直接和重要。孩子步入学校以后，虽然主要活动场所从家庭转到学校，但是孩子在学龄前接受的教养方式，孩子在学校的人际关系、学习成绩等，仍然还是受父母教养方式的影响。而且，教养方式对孩子青春期的心理和生理的变化影响更大。如果父母不关注自己的教养方式，发现教养方式有问题但不懂得适时调整，那么很可能会对孩子的成长造成很不好的影响。

2. 行为控制与心理控制

父母对孩子有很大的影响力。在教育孩子的过程中，父母也的确需要有影响力。本质上，父母是在通过控制孩子而实现这种影响力，但控制的方式不一样，结果也不一样。通常有两种控制方式：一种是行为控制，另一种是心理控制。

行为控制，指的是通过严格的、合理的纪律或要求来规范孩子的行为。这里所说的严格不是指态度或表情很严格，而是说行为规范很严格，有清晰的规则，孩子能够很清楚地知道可以做什么、不可以做什么，以及如果要做出某种行为，应该怎么做。家长在教育孩子时经常会忽视一个问题：孩子不听话，或孩子的行为不改变，很可能不是孩子的态度有问题，而是因为他不知道应该怎么做。如果家长能够和孩子一起去形成行为规范、帮孩子做出恰当的行为，这样的教育方式更容易被孩子接受，效果也更好。

心理控制则是通过各种心理手段来规范孩子的行为。心理手段有些是积极的，如尊重和关爱孩子，使孩子自觉自愿地改变行为；有些是消极的，通过引发孩子的羞耻感或罪恶感来影响孩子的行为。

这两种控制方式中，哪种更有利于培养孩子呢？总体来看，严格的行为控制，同时也不会引发孩子的反感情绪和心理负罪感，这样的行为影响往往会培养出行为表现更好的孩子。研究发现，接受行为控制较多的孩子，通常不会结交不良伙伴，会远离麻烦。大量使用心理控制的家长，特别是使用消极心理手段的家长，往往会导致孩子产生焦虑、抑郁等情绪，这些孩子更容易与不良同伴交往、更可能有反社会行为。而且，这类父母经常给孩子传递负面信息："你的行为不对""你真让人讨厌""你很笨""你永远也成不了才"。在这样的环境中，孩子很难培养出积极自尊和自信来。实际上，消极的心理控制是在把孩子从父母身边推开，是在伤害孩子。

3. 问题孩子的问题

每一个父母都希望自己的孩子优秀，都害怕自己的孩子出问题。优秀的孩子毕竟是少数，大部分是普通的、正常的孩子。最困扰家庭和社会的是问题孩子以及青少年犯罪。心理学研究也很关注这个主题，想知道家庭因素与问题青少年以及青少年犯罪之间的关系。

一个多世纪的研究已经形成了很多成果。社会控制理论认为，父母的监控是孩子与家庭和社会联系的纽带，如果这个纽带受到削弱或缺失，孩子出问题或犯罪的可能性就会增大。亲子依恋理论认为，父母与孩子之间的关系对孩子的行为有保护性的作用，关系越密切，孩子越有可能认同和依恋父母，越不可能出现犯罪行为。社会学习理论认为，家庭成员有榜样示范作用，如果父母的消极言语表情和攻击行为更多，孩子犯罪行为的产生也往往更多。

总体来看，家庭破裂、家庭经济困难这些因素都与孩子的问题行为和犯罪行为相关。从教养方式来看，作为父母应该特别关注以下几个方面。

一是家庭氛围。已经有很多研究发现，父母感情失和、经常吵架、关系紧张、互相仇视，这种家庭氛围会增加青少年的不安全感。长期的家庭关系紧张会导致孩子的问题行为。

二是依恋关系。对父母很认同、很尊重的孩子最不可能犯罪。而且，与母亲相比，父亲对孩子的认可和支持与青少年问题行为直接相关，父亲对孩子越支持，孩子的问题行为越少。

三是亲子沟通。如果父母和孩子之间沟通存在问题或沟通很少，孩子有可能参与更加严重的违法事件。

与青春期的孩子交朋友

青春期很美好，青春期很困扰。孩子步入青春期，意味着已经性成熟，很快就要长大成人了。这是父母多么期盼的事情，也是孩子多么期待的时刻！可是，为什么青春期就总是跟“叛逆”这个词联系在一起呢?

青春期的孩子正在步入他们人生的关键期，青春期孩子的父母，特别是公职人员，往往也在步入自己职业发展的关键期，因此有一句话经常被提起，而且被提起时往往伴随着苦笑——青春期遭遇更年期，家庭里的“世界大战”似乎一触即发。在这个关键期，父母如果能够花一些时间了解青春期孩子的生理变化和心理变化知识，用一些心思对待青春期的孩子，不仅可以顺利度过青春期，而且对孩子的未来发展大有裨益。

1. 青春期孩子的大脑发育

青春期是孩子大脑发育的第二个关键期，第一个关键期是在 2 岁左右。

人类各种复杂的认知活动，都是大脑中神经元和神经元通过放电，互相联系形成的神经网络在发挥作用。神经元之间不直接接触，而是通过“突触”这个生理结构建立联系。突触对我们的大脑活动很重要，我们接触到外界信息，传递到大脑中，会引发大脑神经元的电冲动，这个电信号需要通过突触传到另一个神经元，很多个神经元通过某种规则联系在一起，形成了神经网络。这个生理机制是我们大脑进行记忆、学习、决策等认知活动的基础。突触还有一个特点就是可以被改变，研究术语为“突触修剪”，指经常被用到的突触会持续生长，不常被用到的突触会逐渐消失。

研究发现，婴儿期大脑会形成许多新的突触连接，突触的数量超过了实际所需要的数量。到了 2 岁左右，大脑中每个神经元大约有 15 000 个突触，这是人一生中最早期的突触激增，是大脑发育的第一个关键期。随后就是突触修剪，大脑活动中使用频率低的突触连接会消失。在 6～13 岁，即个体步入青春期的过程中，大脑颞叶（大致在耳后根部位）和顶叶（太阳穴向上正对着的头顶位置）之间的连接会以数倍的速度增加，然后停止。颞叶和顶叶这两个大脑皮层区域有重要功能，颞叶主要负责我们的语言功能，顶叶主要负责我们理解空间位置关系的功能。还有一个重要的大脑皮层区域是前额叶，就是额头部位，与各种高级认知功能密切相关。

青春期的孩子们会经历第二轮突触增长和修剪，这是大脑发育难得的第二个关键期。如果家长和孩子们能够“善待”青春期，就很可能抓住这个突触增长和修剪的关键期，让大脑更加发达。越用脑、越发达。在什么方面用脑，那方面的突触就越发达。因此，如果能够为孩子创造一个良好的外部环境，让孩子身体健康、心情愉悦地把主要精力集中到学习上，对孩子的成长是很有好处的。当然，也要注意不能用脑过度，要尊重生理极限。在正常睡眠、运动、生活的前提下，不要浪费时间，让聪明的大脑多吸收有用知识，大脑会更聪明。

2. 青春期孩子的心理变化

青春期的孩子经历着剧烈的生理变化，青春期的女孩会有月经初潮、乳房突出、臀部变宽等身体变化。青春期的男孩开始遗精、喉结突出、肩部变宽、声音变得低沉。除了生殖系统的快速发育成熟，大脑内不同脑区组织的生长率也会出现一次显著增长。与此同时，青春期孩子的心理也在快速变化。

有很多研究发现，进入青春期的女孩更加关注自己的外貌，关注别人对自己的评价。她们心里很矛盾，一方面希望自己的身材符合理想中的女性标准，另一方面又会担心自己长得太高、长得太胖或者胸部太大，因此会有一些青春期的女孩含胸低头导致驼背，或者过度节食导致厌食。

青春期的孩子开始对异性好奇。这时候的性教育非常关键。已经有大量研究发现，性教育不会增加青少年发生性行为的概率。而且，与之相反，性教育会使青少年推迟首次发生性行为的时间，增加在性行为中的自我保护，降低感染性病或怀孕的可能性。家长如果发现孩子开始谈恋爱，或者发现孩子在接触一些所谓的“黄色信息”，一定不要劈头盖脸地责骂孩子。他们需要的是科学的性教育，不是盲目的严管教。早恋也不应当被错误对待。最关键的问题不是孩子是否早恋，而是早恋的原因和孩子对恋爱的认识。如果孩子能够认识到恋爱是为了携手前进，而且也有正确的性教育帮助孩子保护自己，那么用不着把早恋当作洪水猛兽。对异性的好奇是未来恋爱和婚姻关系的第一步，保护好孩子对亲密关系的向往，才是对孩子真正的爱。

也有一些孩子在性方面的好奇超出了家长的预期。有些孩子对同性表现出特别的好奇，家长发现后往往会很震惊，以为孩子是同性恋。如果发现有类似的情况，家长不要过于紧张。青春期会有同性依恋现象，但与同性恋不一样。青春期的孩子们渴望友谊、渴望成熟，所以女孩子很愿意与看上去可以爱护自己、比自己更成熟的女孩子交往；男孩子更愿意与看上去见多识广、被自己崇拜的男孩子交往，甚至相互之间的关系非常亲密，就像恋人一样有"一日不见如隔三秋"的感觉。但是，同性依恋不是同性恋。同性依恋更多地是情感上的依赖，同性恋则是对同性有性兴奋。如果孩子的确是同性恋，家长更应该做的是与孩子沟通、帮助孩子共同面对可能遇到的各种困难和挑战，而不是试图去改变孩子的性倾向。已经有很多研究发现同性恋的成因很复杂，可能是先天因素如遗传、孕育过程中的激素影响，也可能是后天因素如成长过程中受到的影响，也可能是先天或后天因素综合作用的结果。所以，性倾向不是那么容易可以改变的，强行改变对孩子带来的伤害可能更大。如果家长不加分辨、一味打压，很可能伤害到亲子关系、伤害到孩子性心理的成熟。

还有一种情况是性征发育不正常，发生在极少数人身上。性征指一个人的生理特征，是一种客观存在的生理现象。有一部分人因为染色体异常，导致内外生殖器畸形和第二性征发育不良。这些孩子不仅要承受生理上的痛苦，还要额外承担更多的社会压力，承受更多的情感痛苦。如果出现这种情况，家长应带着孩子积极就医。学校和社会应该善待这些患有疾病的孩子，关爱和帮助他们尽可能过上正常的社会生活。

3. 青春期孩子的所谓"叛逆"

青春期的孩子，性与心理都在成熟，自主性也在逐渐增加。所谓的青春期叛逆，更多体现在父母和孩子对一些具体问题的不同认识，如果处理不好就会变成冲突。孩子在父母面前是"弱势群体"，因此就被认定是"叛逆"。

在父母眼里，所谓的叛逆可能主要体现在看不惯孩子的穿着打扮、言行举止、选择朋友、对待功课和家务劳动的态度和行为。在孩子眼里，父母的教育是唠叨，是不理解，是专制，是在侵犯自己的权利和自由。

即将成年的孩子开始有自己的想法，开始感受到一个成年人的体验，越发希望体现自己的独立性，越发坚持自己的观点。所谓的叛逆，很大程度上仅仅是因为父母和孩子之间对同一事情的看法不同，这不同的看法日积月累，形成矛盾。

如果父母和孩子之间能够很好沟通、互相理解、及时解决发生的冲突，那么，这就是在“善待”青春期。孩子可以把他的时间和精力投入到更有意义的事情中，让他大脑中的突触更好地增长和修剪。如果父母仍然延续自己的教养方式和行为惯性，还像对待一个没有自主能力的小孩子一样，试图严格控制和管教青少年，恐怕这种冲突和矛盾就很难避免，叛逆就被制造出来了。

每位父母都经历过青春期，对自己曾经的“叛逆”并不陌生。每位父母都希望能够给孩子尽可能提供好的生活条件和教育条件，但是对孩子来说，这并不足够，他们更希望得到父母的尊重和信任。父母和青春期子女之间的磨合是成长中不可避免的经历，父母和子女是在共同成长。期望每一对父母和孩子都能顺利地度过人生关键期。

二孩家庭的苦与乐

实施全面二孩政策以来，很多家庭充满期待地迎来了新生命。新成员的到来给家庭带来了新的期待，与此同时，如何养育二孩、如何适应从一孩家庭到二孩家庭的过渡、如何处理两个孩子之间的“矛盾”，这些问题也越来越受到关注。

1. 是否需要“一碗水端平”？

很多有两个孩子的家庭，父母都有一个美好的预期：自己能够做到一碗水端平，不会偏心第二个宝宝。但是，要真正做到无差别对待是非常难的，甚至很可能做不到。心理学家对二孩家庭中父母教育方式的研究有一个主题是“差别对待”，指父母在情感、行为等方面更多地指向或投入某个孩子，相对更少地指向或投入另一个孩子。还有一个主题是从“积极养育”和“消极养育”方面去研究，结果也发现，即便父母对孩子都是积极养育方式，但如果其中一个孩子觉得自己接受的积极养育比另一个孩子少，也会产生不平等的感受。之所以说可能做不到“一碗水端平”，还有一个原因在于两个孩子在年龄等方面存在的客观差异。两个孩子中的老大，往往会被要求多做一些事情、照顾好弟弟或妹妹，而小一点的孩子接受的照顾往往也比较多。所以，二孩爸妈们首先要做好心理建设，应该尽可能做到一碗水端平，不能忽视大孩子的心理感受，需要花时间与大孩子做好沟通，同时也要意识到，不可能做到“一碗水端平”，因此不要因为大孩子的不满而过分焦虑。与其焦虑，不如与大孩子好好聊天，让他认识到他的年龄“优势”，认识到他由此可能享有的纪律、自由度等方面的“特权”，认识到父母对他的照顾和对弟弟妹妹的照顾在表现形式上本来就不一样，形式的不一样不代表实质的不一样，父母对孩子的爱其实是一样的。

2. 大孩二孩一定会有矛盾吗？

两个孩子之间的矛盾，最常见的是大孩不接受二孩。有的家庭在要二孩之前，甚至要先给大孩写保证书，保证永远喜欢大宝，还有的要求写“以后家产都由大宝继承”，让父母非常为难。还有一些情况，大孩已经比较大了，在读高中甚至上大学，由于无法接受二孩的出现而与父母关系僵化甚至破裂。大孩对待二孩，到底是什么心态？会经历什么样的心理历程？心理学有不少理论分析和解释这些情况。首先，并非所有家庭、所有大孩都无法接受或不适应二孩的出现。大孩的年龄、性别、性格特征、家庭氛围等，都可能影响大孩对二孩的接受程度。已有研究发现，如果父母在头胎儿童 2 岁之前有了二孩，头胎儿童会比较容易适应和接受二孩，但是头胎儿童会比较容易出现退化等不成熟的行为，以此吸引父母对自己的关注。也有研究发现，相对于头胎男孩，头胎女孩可能更容易出现不适应等现象。无论男孩女孩，如果头胎儿童情绪管理能力、社会理解能力等比较强，会比较容易接受二孩。换言之，如果想要二孩，那么多关注头胎儿童的社会性发展是很重要的。此外，如果家庭氛围很融洽、很和谐，父母婚姻关系稳定，家庭成员之间的沟通和互动良好，生活在这种氛围中的头胎儿童也会比较容易适应弟弟妹妹的到来。

3. 如何调和孩子之间的矛盾？

很多事情要到发生之后才会发现，无论预期考虑得多么周到，还是会有很多预想不到的情况。对二孩家庭也是这样。有的家庭在要二孩之前已经做了充分考虑和准备，跟大孩也做了反复沟通、“商量好了”，但是当二孩真正到来后，还是会发现很多适应困难问题。如何调和这个矛盾？可以从以下几个方面尝试。

一是维护好夫妻关系。应对孩子之间存在的问题，首先在于父母、夫妻之间的关系质量。如果夫妻之间能够建立良好的婚姻关系，能够形成良性的矛盾冲突解决方式，会在无形中为孩子树立同胞关系的榜样。父母之间在日常生活中传递的各种积极情绪和行为，对孩子的日常生活感受，平复孩子的嫉妒、抱怨、敌意等消极情绪，有潜移默化的作用，也有持续稳定的影响。

二是处理好亲子关系。前文提到，父母很可能做不到对两个孩子“一碗水端平”，主要是指由于两个孩子存在客观的个体差异，父母表现出来的教养方式必然有差别，孩子的感受也必然有差别，因此，要与孩子很好地沟通，让他们认识到这种客观差异的存在，引导他们不去比较，而是接纳。父母对他们并不是偏心，而是根据他们不同的需要，给予不同的关爱。

三是处理好孩子之间的关系，很重要的一点是培养孩子们的共情能力。共情，指一个人对另一个人产生感同身受的情感和行为反应。心理学研究发现，2 岁左右的孩子已经能够区分自我和他人，已经开始有共情的能力，但这个阶段的共情仍是“以自我为中心”的共情。3 岁以后，孩子开始逐渐学会区分自我与他人的不同需要、不同情感，开始真正的“共情”。共情能力受很多因素影响，包括个体差异的影响，但有意识地培养是可以提高共情能力的。在养育二孩的过程中，如果父母能够有意识地多与孩子们沟通父母的想法，沟通孩子们各自的想法，引导他们去了解和理解对方的感受，教会孩子关注、理解别人，特别是教会大孩照顾、帮助比自己弱小的二孩，这些具体教养行为都有助于缓解、调和两个孩子之间的矛盾。

同胞关系是很重要的社会关系，也是很重要的社会支持。有研究发现，同胞关系大致可以分为三类：温暖和谐型、敌意冲突型、温暖与敌意并存型。这三种同胞关系所占的比例大致是 36.5%、20.7%和 40.8%。从这个比例看，很多家庭充满期待地迎来二孩后，发现问题也随之而来，孩子们之间吵吵闹闹，苦乐参半，其实这是正常现象或普遍现象。接纳这个现实，或许是更好的一种心理建设。爸爸妈妈们应当尝试处理好婚姻和家庭关系、尊重孩子的个体差异、通过积极沟通去建立孩子们之间的互相理解和共情，并在此基础上营造更好的家庭氛围和亲子、同胞关系，同时也可以提醒自己，不必强求其乐融融，有笑有泪才是生活。

亲人也需要互相尊重

尊重他人是一种很重要的道德品质，是社会文明的象征，对人际关系和社会生活有重要影响。在意识层面我们都知道尊重他人的重要性，但是在行为层面能够真正做到尊重他人却不是一件容易的事。在家庭心理建设这一讲中强调人际尊重，强调亲人也需要互相尊重，更是因为这一点很容易被人们忽视。

公职人员在工作中通常能够提醒自己要尊重同事、尊重工作对象、尊重其他人，那么在生活中是否也能够做到尊重自己的家人呢？在家庭中，人们对“互相尊重”的理解还存在很多误区，这些认识偏差影响着家庭关系质量。应当重视以下三点。第一，尊重不等于服从。第二，应当尊重个人空间。第三，尊重是人的价值体系。如果真正理解了人际尊重的重要性，在家庭中能够做到尊重他人，那么这种意识会对公职人员的工作产生影响，在工作中也更容易真正做到尊重同事、尊重工作对象、尊重其他人。

1. 尊重不等于服从

人和人之间的尊重，无论是意识还是行为，都是随着年龄的增长逐渐培养起来的，而且经历了单向尊重、双向尊重、服从式尊重和价值尊重等不同的阶段。

皮亚杰的研究发现，儿童在七八岁之前已经懂得尊重他人，但这种尊重是单向尊重，是对父母和他人的尊重，也是一种服从式的尊重。之后，随着儿童与他人的交往互动不断增长，儿童的心智不断成熟，双向尊重开始出现，直到青少年期发展成熟。孩子在尊重他人时，也会期待他人的尊重。而且，这种双向尊重的前提，是对他人作为独立整体的自身价值的尊重。通俗地讲，孩子希望得到父母和他人的尊重，而且能够敏感地区别这种尊重是真正的认同，还是仅仅表现出来的外显行为上的礼貌、客气。

中华传统文化中一直有把对父母和长者的服从等同于尊重的文化倾向，因此父母可以对孩子“随心所欲”，家族中的长辈也可以在各种场合自由自在地对晚辈的生活、工作等进行评判，而晚辈须对此表现出接受。本质上，这只是晚辈的“服从”，不是“尊重”。

随着时代的发展，这种现象已经发生了变化。一项在新加坡做的研究发现，尊重年长者的含义已经由过去的服从转变为现在的有礼貌的行为。而且，这种尊重是对年长者良好品质的尊重。换言之，如果一位年长者并没有表现出值得尊重的良好品质，那么他也很难得到他人的尊重。

2. 尊重个人空间

有一幕场景我们都似曾见过。有一天，小明打球时突然把球鞋踩坏了，匆匆回家换球鞋，结果发现妈妈正在房间里翻看他的日记本。小明大怒：“你太不尊重人了！”一把夺过日记本，扔进带锁的抽屉，锁好后把钥匙装好，掉头就走。接下来就是长达数周的冷战，家里的气氛非常压抑。

还有很多场景我们也不陌生。有人总结了过年时最让人害怕的几件事情。孩子最害怕爸妈帮自己保管压岁钱，单身青年最害怕七大姑八大姨关心个人问题，中年人最害怕同学聚会问收入，老年人最害怕在遛弯时遇到熟人问孩子是不是常回来看看、一个月挣多少钱。

这些现象并不鲜见，网络上也总能看到对这些问题的讨论，归根到底这属于亲人或熟人之间“互相不尊重”所导致的社会问题。父母不尊重孩子的生活习惯、兴趣爱好，导致亲子关系紧张。亲戚不尊重他人的感受，七大姑八大姨所谓的关心实则是施加额外的痛苦和压力。

人和人之间需要有一定的距离，这个距离既包括物理距离，也包括心理距离。个人空间的需要是为了避免刺激过度。刺激是指外部世界带来的信息，如果需要大脑进行加工，这个刺激就会带来认知加工负荷。如果刺激超过了大脑的认知加工能力，就会带来认知疲惫和情绪困扰。当人和人之间的距离太接近，或者对他人的关注超越一定界限时，就会产生更多的刺激。面部表情、身体气味、喜欢不喜欢这个人，这些都属于刺激。

不同的人，个人空间的心理需求也不一样。有些人很喜欢跟别人保持近距离，很喜欢与别人分享自己的一切，甚至觉得距离越近越有亲密感和安全感。也有些人则正好相反，非常不愿意与他人接近，不喜欢与别人分享自己的私生活，距离接近带来的不是安全感，而是不安全感。如果是这样两个偏好相反的人在一起，可以想象喜欢接近的那个人会给不喜欢接近的那个人带来多么大的心理压力。

总体来说，个人空间就像是人和人之间的一种边界调节机制，一方面是在人和人之间发挥着交流的功能，我们必须要通过一定的感觉通道进行信息的沟通和交流，以此来表达我们之间是否亲密、是否可以合作做一些事情。另一方面，个人空间也有保护的功能，就像缓冲器一样，间隔一定的距离——包括物理距离和心理距离，可以保障我们身体和情绪不至于受到太多外部信息的刺激，处于比较舒适的状态。从人际关系的角度来看，即便是有血缘关系的亲人，也应考虑一下对他人基本尊重的个人空间需求，亲密而不无间，关心而不压迫。

3. 尊重是人的价值体系

尊重是对他人作为“独立整体”的“自身价值”的尊重。尊重可以体现在两个层面：一个层面是行为的尊重，另一个层面是内心的尊重。前者容易做到，后者难一些。例如，上课不迟到，这是行为上对教师的尊重，但不代表内心真正尊重授课教师。

社会规范约束着我们必须做出社会许可的行为，包括对他人的尊重行为，但要真正做到尊重他人和获得他人的尊重，还需要体现出值得尊重的、社会认可的“自身价值”。一位衣着朴素、靠蹬三轮车谋生的老人，得到了全社会的尊重，因为他用蹬三轮车的收入捐助了三百多个贫困孩子，圆了他们的上学梦。这样的个人价值值得全社会的尊重。也有一些人，拥有名利和地位，却得不到他人的尊重，“君子爱财、取之有道”，如果是通过投机方式牟利，并且不愿意承担应当履行的社会责任，这样的所谓“成功人士”也不会得到全社会的尊重。

总之，尊重能够促进成人之间的亲密关系、产生更大的关系满意度，是人际交往中非常重要的一种品质。如果希望能够与亲人、他人之间有更好的关系，如果希望自己能够在人际关系中得到尊重，那么，互相尊重，包括对他人个人空间、个人价值的尊重，是良好人际关系的前提。

| 处理好家庭中的代际关系 |

家庭是社会的基本结构与功能单位。我国第 6 次人口普查显示，60 岁及以上的老年人主要依靠家庭成员来供养，农村无养老金的 80 岁及以上高龄老人靠家庭供养的比例高达 81.84%。虽然传统的三代同堂、同吃同住的家庭结构正在发生改变，比例在不断下降，但是在中国家庭中，三代同堂、祖辈照料孙辈的情况还是普遍存在的。

公职人员群体中，这类家庭结构也非常普遍。这种核心家庭和原生家庭紧密交织在一起的生活，使得处理好家庭中的代际关系成为影响生活质量和幸福感的重要内容。处理家庭中的代际关系，应当了解这种家庭结构中可能存在的矛盾，运用一些方法去减少代际矛盾。需要强调的一点，也是一个基本原则，在这种家庭结构中，应当以尊重核心家庭为主，以此为原则，才能更好地处理家庭关系。

1. 代际关系的类型

家庭中的代际关系是一种血缘和社会文化共同塑造的关系。无论哪个国家，无论是集体主义文化色彩更浓还是个人主义文化色彩更浓，家庭都是越来越受到关注的一个主题，特别是老龄化社会逼近的当代。代际关系与家庭成员之间关系的好坏直接相关，也与家庭中每个成员的心理健康密切相关。营造良好的代际关系，是一个家庭中特别重要的任务。

心理学家对家庭中的代际关系做了很多研究，在两个方面基本达成共识：第一，代际关系很复杂，受家庭内外多种因素的影响；第二，代际关系体现两种基本形态——团结和矛盾。

代际关系很复杂。有很多研究分析了成年子女与老年父母之间的代际关系类型。马春华分析了 2008 年“中国城市家庭结构和家庭关系的变迁”数据，发现城市家庭代际关系存在亲密且互惠型、亲密有距型、实用主义型、情感型和疏离型等几种类型。黄庆波等的研究发现，成年子女与老年父母之间的代际关系类型主要分为紧密型、奉养有间型、疏远型三类。其中，接近 1/3 的代际关系为紧密型，超过一半属于奉养有间型，1/10 为疏远型。这些研究描述了代际关系模式。

团结和矛盾，主要是在描述代际关系的功能。代际关系中的团结，体现着代际关系对我们的“贡献”，通常被我们默认和享受着。在中国社会中，默认子女应该赡养父母、父母应该教养子女；默认在子女需要时，父母有出手相助的责任，无论是情感上的相助，还是经济上的相助。代际团结的类型或体现形式也比较多。在享受代际关系带来的好处时，我们不会有任何争议。通常更引起我们关注的是代际关系中的矛盾。

2. 减少代际矛盾心理

关于代际矛盾的理论，主要聚焦于情感矛盾，认为成人之间代际关系的动力学特征是他们之间的社会与心理矛盾。代际关系中既存在着温暖、支持等积极情感，也存在着冲突、失望等消极情感。例如，在子女不结婚或者不符合父母的教育期望、不符合父母的择偶期望时，代际就会产生矛盾心理。此外，不同代之间存在着价值观的冲突，也会引发代际矛盾心理。代际矛盾心理是在两代人之间产生的，消除代际矛盾心理也需要每一代人的共同努力。

父母对子女而言，如果父母辈有一定的条件、能够担负起一定的抚育照料孙辈的责任，能够为孙辈提供更多的社会支持，对子女和孙辈的成长，包括子女和孙辈的心理健康，都有积极作用。但是，如果处理不好，可能父母对子女的照顾反而产生了消极作用。首先，父母辈提供的照料责任和社会支持应当是子女需要的。其次，并非父母能够提供的支持越多，子女的幸福感就越强。如果父母一味地、不断地给成年子女提供支持，而成年子女无法对父母提供相应的支持，反而会对代际关系产生负面影响，一方面子女的自尊会受影响，另一方面父母也会因为子女的过度依赖而产生更大的矛盾心理。这个关系很微妙。总体来说，父母能够给子女提供一定的支持，好过不提供支持或提供过多的支持。能够为子女提供恰当的支持，这样的父母也更能够感受到比较高的满意度和主观幸福感。

子女对父母而言，如果成年子女跟父母在一起时能够享受到更多的愉悦，往往也会给予父母更多的情感支持。这种情况下，对老年人的身心健康和生活满意度的提升都有好处。如果成年子女与老年父母之间的交流是消极的，在父母需要帮助时不能够提供帮助，日常生活中在父母亲提出需求时，表现出忽视、拒绝、没有同情心等行为，会给老年人带来较强的心理痛苦。

3. 以尊重核心家庭为主

家庭矛盾不能不重视。心理学研究发现，我们在生活中会感受到各种压力，有些是突然发生的、对生活有重大影响的事件，如自然灾害、交通事故等，是很难预期的；还有一些是因日常生活中鸡毛蒜皮的小事慢慢积累，逐渐形成难以摆脱、带来很大痛苦的压力。在三代同堂的中国家庭中，代际关系处理不好，就会从一件件生活琐事积累成可以压垮大桥的“巨石”。有一些产后抑郁的患者，在描述引发自身痛苦的原因时，经常会提及婆媳甚至母女之间的矛盾，而且描述的矛盾主要是生活习惯的不同、话不投机的郁闷。既需要老人的照顾，又受不了代际冲突带来的压力，再加上激素的影响、睡眠严重不足、生活内容的改变，多重压力最终导致抑郁。

三代同堂的家庭结构，通常包括原生家庭和核心家庭。原生家庭指老年父母的家庭，核心家庭指年轻子女的家庭。同在一个屋檐下，两个家庭之间的年龄差异、生活方式差异会带来很多生活烦恼。一个核心家庭往往面对两个原生家庭，如果把三个家庭的关系放在一起分析就更复杂了。

聚焦到一个原生家庭和一个核心家庭，除了生活习惯方面的差异会带来压力，更重要的是家庭成员在发言权和控制感方面认识不同，由此带来的压力往往更大。原生家庭中的老年父母，特别是能够对子女提供较多社会支持的父母，往往希望对家庭中的事务继续掌握发言权，仍然觉得自己是家长，期望对核心家庭的生活和决策产生影响。这种想法和做法不利于维护家庭和谐稳定。在代际关系中，尊重核心家庭应当成为处理代际矛盾的原则。老年父母应当尊重子女的意见，让子女承担起核心家庭的“主人翁”责任。核心家庭中的成年子女，应当对家庭事务具有主要决策权，但是也应听取和尊重原生家庭成员的意见。

原生家庭中的老年父母，归根到底是期望儿女能够独立生活、成为自己可以依靠的力量。当儿女有需求、自己也力所能及时，为儿女提供支持是对儿女的帮助，而不应该成为对儿女生活、对核心家庭独立性的破坏。核心家庭中的成年子女，也应当认识到父母对自己的支持和奉献，认识到自己应当承担维护家庭关系、化解家庭矛盾、促进家庭和谐的责任。

| 与邻里和睦相处 |

中国有一句古话叫远亲不如近邻。在鸡犬之声相闻的农耕时代，这句话适用；在相见不相识、网上是好友的信息时代，这句话也适用。随着信息化时代的不断发展，我们的家庭生活和社会生活结构发生了很大变化。传统社会中，人和人之间主要是面对面交流，现代社会中，人和人之间背对背的交流越来越多，网络平台在很大程度上改变了人际交往的模式。但是，人是需要面对面交流的。面对面沟通中的面部表情、肢体动作、眼神交流，是人作为社会性动物所需要的情感体验。因此，越来越多的人开始反思和重视现实生活中的人际沟通和交流，开始为自己创造条件、创造机会，把“线上沟通”变为“线下友谊”。

技术发展会带来很多无法预期的改变。随着电商经济的发展，社区和社群经济开始引起关注，虚拟社区和真实的社区越来越重叠，很多人因网购而结缘，从线上走到线下，从网上的交易成为生活中的朋友。邻里关系和社区对我们的生活影响越来越大。这是一种新的社会动向，中国社会正在从陌生人社会走向新熟人社会。公职人员应当了解这些社会结构和社会心理的变化，使其在弘扬社会新风尚中发挥作用。

1. 邻里友好是一种心理需要

谈邻里，首先要谈社区。关于社区的研究认为，社区可以分为两类：地域型社区和关系型社区。地域型社区就是传统意义上的社区，包括城市和农村中的邻里、街区等。在地域型社区中，人和人之间的关系主要受地域接近性的影响，地理位置越接近、互动越频繁，对人际关系的影响越大，对心理方面的影响也越大。另外一种社区是关系型社区，往往不受限于地理位置，而主要靠人际关系形成。关系型社区通常是由于一定的兴趣爱好、由于某个公益活动或者由于某个社会组织而组建和形成。

无论哪种社区，都与人的心理需要有关，最主要的就是能够让我们产生归属感。社区心理学是心理学的分支学科之一，研究个体和社区之间的互动及影响。社区心理学家很关注的一个主题是“社区感”。社区感不是指我们对自己所在的某个社区的感受，而是指我们对某个群体的感受，在邻里关系中主要指我们对家庭生活所涉及的某个群体的感受。我们通过社区感在邻里关系中获得依赖感和归属感。

社区感是一种主观体验，可以塑造和培养。研究者发现，形成社区感的主要因素有四个：成员资格、影响、整合和满足需要，以及共享的情感联结。成员资格是指社区成员投入到社区中和归属于某种社区的感受，如果成员很认同所属的社区，通常也会获得更强的社区感。影响是指作为社区的成员，能够感受到自己对社区的影响，也能够感受到社区对自己的影响。整合和满足需要是指社区成员有共同的价值观和互相交换的资源。共享的情感联结是指社区成员可以通过行为、语言或者其他线索，识别和感受到自己属于这个社区，也就是说具有归属感。无论是地域型社区还是关系型社区，都可以通过在这些方面的努力，使成员产生更强、更好的社区感。这种情感体验有助于增强我们的归属感。

在社会实践中，已经有很多很好的举措，用于增强社区成员的社区感，如邻居节、邻里节活动，还有一些社区开展睦邻文化建设，建有睦邻中心，这些举措正在发挥积极作用，增强了社区成员的“社区感”，增进了成员之间的情感沟通和交流，也有助于维护社区的和谐。

2. 邻里友好有助于心理健康

对社区心理的研究，最早始于对心理健康认识的进步。

西方国家很久以前就开始重视心理健康，但当时人们主要关注的是个体的心理健康。第二次世界大战期间，美国社会对心理健康的认识发生了改变，越来越多的研究者认识到，只关注个体的心理健康并不够，还应该关注环境对心理健康的影响，应该改善社区的心理健康服务。随着这种认识的变化，美国政府和其他组织开始投入改变心理健康服务系统，加强社区对心理健康服务的支持。

人的心理健康问题不仅仅是个人因素导致的。美国的心理学家做了很多研究，他们关注社区环境对孩子成长的影响，如何在社区中对孩子的情感问题进行早期识别和干预，如何在社区中促进退伍老兵或心理创伤人群的康复，如何从人际关系角度去改变和创造更好的社区环境。心理学家还做了大量实践研究，探索如何帮助有心理问题的人，在社区中通过相互之间的关系和帮助开展团体治疗，在日常生活中创造条件，让他们彼此照顾或者在一起工作。这些尝试都取得了一定的成功和进步。

中国也在开展这方面的探索，《全国社会心理服务体系建设试点工作方案》中，明确要求在社区和村子里建设心理服务平台，为老百姓提供心理健康服务条件。

3. 邻里关系是重要的社会支持

社会支持是指我们通过社交网络得到的社会归属感。社会支持通常分为两大类：一类是工具支持，另一类是情感支持。工具支持指我们能够得到的实际支持，主要体现在物质方面。情感支持指从人际交往中得到的被理解、被尊重、被信任、被接纳等情感方面的支持。

每个人都处于一定的社会关系中，既能够感受到社会压力，也能够感受到社会支持。在家庭生活中，来自我们所处的社区或群体的社会支持，是很重要的一种社会资源。住在一个小区、一个单元楼、经常一起活动的群体，因孩子上兴趣班或团购物品而相识并经常一起活动的群体，这些群体成员之间往往互相提供着社会支持，既有工具支持，也有情感支持。

现实生活中，社区中的社会支持还可以发挥更大的作用。每个社区中都有一些需要特别支持的人群。中国已经开始进入老龄化社会，居家养老仍然是最主要的养老方式。社区中的老年人互相帮助、互相支持，将是老年人积极老龄化、健康老龄化的重要社会支持。与城市地区相比，中国还有很多农村地区，特别是经济发展水平比较低的地区，农村社区的人口结构中有很多是留守老人、留守妇女和留守儿童。这些人群需要社会的关注，他们也可以自助和互助。这需要在意识层面和行为层面共同努力。政府提供政策创造条件，为这些社区的人群提供社会支持，全社会也应当营造更好的文化，让社区成员们认识到社区在社会生活、在每个人的心理健康和身体建设中的重要作用，一起营造良好的社区文化和社区氛围。

| 做好生涯规划 |

对很多人来说，生涯规划是一个新概念。在心理学研究中，生涯规划也是一个比较新的领域。提到生涯时，人们往往首先想到的是职业，提到生涯规划时想到的也是职业规划。其实，生涯是指人的一生发展，职业或事业是人的生涯发展的重要内容，但不是全部。每个人的生涯发展都是独一无二的。

在不了解这个概念时，我们可能会觉得自己是在懵懂或随波逐流地生活。实际上，生涯或者是生涯规划一直在影响我们的生活。例如，中国历史上一直有新生儿满周岁时“抓周”的习俗，这已经是在体现对一个新生命未来生涯发展的期望。只不过，这种方法并不科学，对养育孩子也没有什么帮助，只是一种表达对孩子未来的美好希望的仪式。科学的生涯规划，是基于人的心理发展规律，结合生活、工作等现实需求，用科学方法来完成的。公职人员应当关注生涯规划，了解生涯规划的科学知识，学习对自己的生涯进行科学规划。

1. 生涯可以规划

生涯指在人的一生中，包括进入职场前、职业进程中、退休后，人的生涯的全过程。生涯规划意味着在人生不同阶段具有不同的任务，应该基于整个生命周期进行设计，不仅关注个体成长和自我实现，同时关注促进生涯发展的环境因素。

人很复杂，人的一生很漫长，如果是一位年长者回头看，他可能觉得自己的人生根本就不是像自己所设计和规划的那样去发展的，但实际上我们还是可以从生涯规划的理论中得到一些启发，去理解到底什么是生涯规划。生涯规划不是指我们给自己铺就一条路，而是指我们在人生的不同阶段，特别是一些关键阶段，应当做出对自己的成长更有帮助或更智慧的选择。

生涯规划的发展理论认为，一个人的自我概念是生涯发展的核心因素。随着年龄的增长，自我概念会随着对现实看法的改变而改变，但总体趋势是越来越清晰。进入职业选择阶段，一个人逐步形成职业概念，并将这种职业概念与自我概念、自我意向进行比较，做出生涯决策（包括选择什么职业、是否感到满意、是否决定改变等）。对这个选择是否满意，取决于自我概念与职业生涯概念之间的相似度。

生涯规划的特质因素理论强调，一个人的能力兴趣应当与他所选择的职业相匹配。这个理论认为，每个人都有其独特性，反映在兴趣、能力、需要、价值和人格特质上；每个职业也有其独特性，反映在工作内容、所需能力、所提供的报酬等方面；个人与职业的独特性都能通过测量工具测出来；如果个人的特质和职业的特点是吻合的，那么双方都会获得满意。很多人可能做过著名心理学家约翰·霍兰德（John Holland）开发的职业兴趣测试。他把各种职业归纳为六大类，相应地有六种不同类型的人去从事与自己类型相同的职业。测量一个人的职业兴趣，并与职业类型相匹配，在一定程度上可以作为职业选择的参考。霍兰德的研究和测评工具在西方文化背景下得到了非常广泛的应用。但是，目前可以检索到的该测评工具运用于中国样本的研究报告中，其适用性受到质疑。

生涯规划的社会与生涯选择理论认为，个体无法控制社会环境对其生涯发展的影响，个体所能做的就是发展出能够有效应对环境的技能。因此，一个人所掌握的应对环境的技能以及影响这个人的抱负水平的因素，是影响个体生涯发展的至关重要的因素。

生涯规划的职业选择人格取向理论认为，个体选择某项工作的根本原因是看到工作能够满足其需要的潜力。此外，长期从事某种工作会逐步形成这类工作者的人格特质。例如，提到医生、律师、警察，我们脑海中会马上浮现这个职业群体的典型特征，这就体现了职业对人的性格特征的影响。

生涯规划是一个新领域，上述已有的理论与职业规划关系比较大，可以为公职人员的职业发展提供一些建议。作为一个新的研究领域，心理学研究者还需要投入更多的时间和精力，从毕生发展的角度研究规律和影响因素。

2. 退休应当规划

全球都在走向老龄化。当一个国家的老龄人口比例越来越大时，老龄人口的社会保障就越来越受关注，也越来越重要。国家需要从养老金制度等方面进行公共政策和公共资源的调整，而每一个即将步入老龄化的人也要学会做退休规划。在心理学领域，退休规划已经是一个引起很多人关注的研究主题。

退休规划，就是在退休前做好一些必需的准备工作，为退休以后的生活提供保障。西方国家进入老龄化社会比较早，最初主要关注退休前的财务规划，后来慢慢拓展到健康规划、心理规划、社交规划、休闲规划、居住规划等，也有一部分健康状况较好的老年人还会继续做工作规划。

大家对财务规划和健康规划都比较了解，指的是为了退休以后的生活而提前做好财务方面的准备工作，要有一个健康的身体，要定期体检、按时锻炼。

社交规划和休闲规划同样也是老年生活中非常重要的一部分。经常参与社会活动，与他人结伴进行娱乐休闲活动，这些社交规划的内容与退休后的心理健康、生活满意度直接相关。与别人一起结伴进行娱乐活动的人，通常他们的心理健康水平比独自娱乐休闲的老人更高。

居住规划也是不可忽视的一项内容。研究发现，退休后的居住地、是否和子女住在一起、住房的规划和设计等，这些与老年人的身心健康直接相关。在中国，居住规划已经引起老年朋友的关注，例如北方老年人“冬天向南飞”的现象。随着经济条件的改善和技术水平的提高，关于适合老年人居住的家居环境设计，一些经济发达地区已经在做尝试，另外还在尝试摸索适合老年人居住和生活的社区环境。

在退休规划中，工作规划是比较新的一个领域。工作规划与老年人的身体状况和心理意愿直接相关。通常健康状况比较好的老年人，会在退休前规划通过各种方式继续发挥自己的社会影响力。

最后要特别介绍心理规划。前文介绍过，我们会面对各种压力源，退休也可以说是一种重大生活事件的压力源。如果没有做好充分的心理准备，很有可能在退休后出现各种不适应。有研究发现，退休后的心理适应与“沟通”密切相关。退休前的心理规划，很重要的一点就是与家人和朋友一起探讨退休后的生活。愿意与家人朋友、同事、已经退休的人讨论退休生活，愿意主动去寻找关于退休生活的信息，这是退休心理规划的重要内容。如果能够做好心理规划，在退休后生活方式发生很大变化时尽快适应，通常也会有比较高的心理健康水平。

3. 让生涯充满活力

年轻人通常不会考虑自己是否有活力，年轻本身就是活力。随着年纪的增长和身体机能的下降，人们开始考虑活力问题。

我们总觉得随着年龄的增长，中年以后人的各种能力都在下降。年轻人这么觉得，老年人也这么觉得。有一项研究列出了一些事项，让 18～64 岁的人估计一下老年人在这些事情上遇到的问题有多大，同时也让 65 岁及以上的老年人报告他们自己在这些事情上真正遇到的问题有多大。对比两组人的结果，发现 18～64 岁的人高估了老年人可能遇到的问题。换言之，老年人和老年生活可能没想象中那么差。大部分老年人，尤其是身体健康的老年人，都有能力去学习新东西。

成年以后，随着年纪的不断增长，记忆力、认知加工速度等都会下降，这是自然规律，因为大脑的功能在不断衰退。但是，人真的很聪明，在认知能力下降的同时，会更有技巧、更有效率地使用自己的认知能力。例如，年长的国际象棋选手在记棋子的位置时远不如年轻选手，但仍然能够打败年轻选手，因为他们学会了以更高效的方式对棋盘进行认知搜索。掌握这些技巧需要不断学习，不断学习的过程也有助于延缓认知能力下降。

已经有很多研究认为，恰当的认知训练、体育锻炼、生活方式等对延缓认知功能衰退有好处，而来自家人、朋友和社区的社会支持对维护老年人的心理健康有好处。学习和掌握新兴技术对很多年轻人都是挑战，更不用说对老年人。很多新兴技术，特别是信息技术，已经成为生活的必需品。如果子女愿意花一些时间和耐心去教父母，就像父母教子女吃饭、穿衣那样，如果社区能够给老年人提供学习条件或平台，那么，老年人就能在力所能及的前提下，既学到了信息时代的“生活必备技能”，又感受到了愉悦的社会支持，还可能不知不觉中延缓认知衰退，一举多得。

当你老了，头发白了，睡意昏沉时就多休息休息。但是，清醒时记得提醒自己，要学习新东西。不要担心自己的记忆力在下降，也不要担心自己跟不上日新月异的时代、学不会五花八门的新事物。衰老并不可怕，这是自然现象，每个人都会走向暮年。可怕的是放弃自己，在本来还可以继续充满活力地生活时主动“缴械投降”。

第四章

人和促发展：营造积极工作氛围

工作是一个人体现社会价值的主要渠道。人们的心理和行为塑造着工作氛围，同时也受到工作氛围的影响。工作环境中有大量与心理学相关的内容，除了心理健康，还涉及工作动机、工作能力、人际关系、工作效率、工作激励、工作家庭平衡等。加强工作环境中的心理建设，有助于塑造良好的上下级关系和同事关系，增强工作的自我效能感，妥善应对工作压力、有效提升工作效率。

| 要想工作好，动机很重要 |

人做事情，总会有各种各样的动机。动机是人类行为的一种基本特征。一个人表现出某种行为，通常会经过三个阶段：产生需要、形成动机、引发行为。需要，可能是生理需要，可能是对某个具体物品的需要，也可能是某种无法物化的心理需要。由于产生了某种或某几种需求，进而会激发想要满足这些需要的动机。强烈的动机驱使人类做出某种行为来满足需求，例如，觅食行为的动机是消除饥饿感，择偶行为的动机是消除孤独感和获得亲密关系体验。行为越复杂，动机往往也越复杂。

工作也是这样，动机影响着我们的工作行为和工作质量。不同职业群体可能有不同的工作动机，同一职业群体中的不同人也可能有不同的工作动机。有一项对基层公务员工作动机的研究发现，占首位的动机是工作稳定性。也有研究发现，公务员群体认为工作本身带来的尊严和荣誉感是重要的工作动机。

1. 内在动机和外在动机

这两种动机非常基础，普遍存在，几乎可以概括描述我们所有的行为动机。就某项具体的行为而言，内在动机意味着我们打心眼儿里愿意做这件事，不考虑其他诸如回报之类的事情，而且会享受完成这件事的过程。外在动机则意味着是为了得到某种回报才愿意去做这件事，这种回报可能是分数、金钱、职级或地位等，这些都属于外在动机。

工作动机不同，工作体验会不同。打车出行时，你会发现有的出租车司机很快乐，他觉得开车不仅是一项工作，而且是一个乐趣，可以见识不同的人和事，获得很多新鲜的信息，这是内在动机在发挥作用。有的出租车司机只把开车当作谋生手段，抱怨工作中的辛苦，吐槽挣钱养家糊口不容易，这就是外在动机在发挥作用。都是开车，动机不同，感受就不同。如果一生的职业都是出租车司机，你更愿意心情愉悦地从事这个职业，还是天天吐槽抱怨地工作和生活？

已经有很多研究证明，只有一个人的工作动机是内在动机时，他才可能感受到工作本身有意思、有挑战，自己更愿意投入。也往往在这种情况下，工作本身能够给人带来更大的愉悦感和满足感，也更容易激发人的创造性，使人有更高的工作绩效。如果一个人主要出于外在动机去工作，那他会感受到更多的工作压力，遇到复杂、具有挑战性的工作时更容易放弃，会觉得障碍难以逾越。

我们虽然强调内在动机的重要性，但同时也不能否定外在动机的重要性。特别是工作动机，工作首先要满足“养家糊口”这个基本条件。如果基本物质需要得不到满足，内在动机很难发挥作用。

2. 与工作直接相关的动机

动机是一个很基础、很核心的心理过程，对行为的影响很大，因此吸引了很多心理学家的研究兴趣。人格心理学、管理心理学、社会心理学家们做了很多研究，也形成了不少用于解释人的各种行为的动机理论。如果有兴趣阅读与动机相关的书，会看到很多描述具体动机的术语和研究成果，如一般性动机、情感动机、权力动机、成就动机、亲和动机等。

仅仅从列出的这些动机的名称，我们就能够感受到一个人的工作动机是多么复杂。不同的工作类型、工作内容、工作岗位、职级、级别，都可能激发不同的工作动机。工作动机也不是一成不变的，即便是具体到一个人，在职业生涯发展的不同阶段，也会有不同的工作动机。当工作压力大或进入职业发展高原期时，可能还会困惑自己的工作动机是什么、工作是为了什么。工作动机的复杂性就在于有的是存在且能被感受到的，有的是存在但不能被感受到的，有些在一段时间内是稳定的，有些在较长时间内是变化的。虽然很复杂，但是由于动机对行为有重要影响，因此公职人员还是应当多学习，多思考自己的工作动机，在工作中善于发挥动机的作用，去改变行为和推动工作。

在诸多工作动机中，"权力动机"往往比较吸引人的注意。心理学家通常不认为权力动机是天生的，或者是在工作动机中占主导地位的。心理学家承认，人对权力的渴望是随处可见的。提到权力，我们首先想到的往往是岗位、地位、职权等外在的符号。从心理需要的角度来分析，权力需要本质上是发挥控制力和影响力的需要，而不是简单体现在对某个岗位或职位的追求。岗位有高低、职责有大小，但在每个岗位上、承担一定职责的人，在完成他的工作时都需要有一定的控制感、能够发挥影响力。有些岗位不见得高、职权不见得大的人，由于他对所从事的工作很有经验，能够与其他同事很好地配合，能够促进整个部门工作或某项系统工作的完成，能够给他人以指导，这也是拥有控制感、发挥影响力的具体体现。所以，不应狭义地把权力动机理解为"争权夺势"，而应当把权力动机理解为工作中的授权，让每个岗位上的人，包括自己，能够很好地履职尽责，进而感受到对自己的工作有一定的控制感和影响力，能够通过自己的努力获得更好的工作效果，能够从工作结果中体会到价值感、满足感。

3. 动机与激励

工作是一个人社会价值的主要体现。大部分人不是只把工作当作生存工具，而是看重工作的社会价值，期望自己能够发挥足够的作用和影响力，对社会有贡献。公职人员这个职业群体也是这样，出于内在动机和外在动机而工作，而对工作成效、工作满意度影响更大的是内在动机。

管理举措不当可能会损害一个人本来拥有的内在动机。有一项研究中，研究者观察正在玩数学游戏的孩子，记录他们玩游戏的时间。研究包括三个阶段。第一阶段：记录孩子们玩游戏的时间，在这个阶段孩子们完全是出于对数学游戏的兴趣而花时间去玩，这个阶段的行为动机是内在动机。第二阶段：告诉这些孩子，如果玩数学游戏就会给奖金，也就是引入了外部的物质激励。记录这个阶段孩子玩数学游戏的时间，发现比第一阶段的时间明显延长了，外部物质激励发挥了刺激动机的作用，这个阶段的行为动机已经由内在动机转为外在动机。第三阶段：撤掉奖励，再记录孩子玩游戏的时间，发现时间大幅缩短，甚至短于第一阶段的时间。这说明第二阶段实施的外部奖励影响了孩子们的内在动机，一旦外部奖励不存在了，行为马上发生改变。简言之，外部物质激励会损害已有的内在动机。

总之，工作行为和效果受到工作动机的影响。工作动机包括内在动机和外在动机，这两种动机都应当得到满足，且两种动机发挥的作用不一样，满足外在动机是基础，满足内在动机是获得更好工作效果的前提。工作中，我们可以通过自我激励和组织激励去提升一个人的内在动机。公职人员群体更应当重视自己工作的内在动机，重视工作的使命感和责任感，重视自己在工作过程中的能力提升，重视工作创造的社会价值，也要重视工作在国家和社会发展中不可或缺的贡献。重视内在动机，更有助于提升工作成效，也更容易让人感受到长久的满足。

人性假设与管理实践

孟子说：人之初，性本善。荀子说：人之初，性本恶。到底人性如何？在管理工作中，无论你是否有觉察，管理行为一定是出于某种人性假设。我们可以思考一下，你在工作中是否自觉不自觉地在对别人做出假设？这个假设是不是在影响你对他的态度和行为？

管理的本质是让人的行为发生改变，朝着组织要求的方向去做。管理是人和人之间的行为，管理者对一个人的认识，对这个人的工作动机、工作态度、工作行为的评价，就是在对这个人做出假设。这个假设也许符合实际，也许不完全正确，但这个假设影响管理者对这个人的判断，也会影响管理者对这个人的管理行为。

不同的人性假设会影响具体的管理行为，如果基本假设不正确，那么管理举措很难真正发挥作用。管理心理学研究提出了四种人性假设，并基于这些人性假设形成了具体的管理行为。

1. 经济人假设

经济人假设认为，大多数人懒惰、逃避工作、胸无大志，不愿意承担责任，不能克制自己，容易受别人影响，宁可被人领导，工作的目的是满足基本的生理需要和安全需要，只看重工作带来的经济收益。因此，基于经济人假设的管理理论认为管理就是通过强制、控制、惩罚等手段实现工作目标。

经济人假设是管理心理学理论中最早出现的对人性的假设，起源于亚当·斯密（Adam Smith）关于劳动交换的经济理论。现在我们都知道这种人性假设是片面的，也许有一部分人像经济人假设所说的那样好逸恶劳，但大部分人并不是这样。因此，如果用经济人假设作为管理方式的基本假设，这种管理方式下的员工很可能就会抱着“给多少钱做多少事”的态度去工作。

2. 社会人假设

社会人假设是因著名的“霍桑实验”而提出的。1927—1932 年，哈佛大学著名心理学家艾克顿·梅奥（Ecton Mayo）带领团队，在美国西部电气公司下属的霍桑工厂进行了一系列实验。最初的研究假设是工作环境和工人的劳动生产率之间有密切关系，只要改善工作环境就可以提高生产率。研究人员做了很多实验，但是发现了不一样的结果，有时候尽管工作条件没有发生实质性的改变，但工作效率在提升，甚至在工作条件变差的情况下，工人的产量仍然在增加。这个结果与假设不一样，也与人们的常识不一样，研究人员很好奇为什么会出现这样的结果。研究人员通过访谈等方式与参加实验的工人一起探讨原因，最后发现：物质激励并不能够一直调动工人的积极性，更有激励作用的是工人的士气、工人获得重视感、工人感受到的人际关系等心理方面的需求，这些因素与工作效率都相关。根据霍桑实验的结果，梅奥等提出了社会人假设。这是在管理中对人性假设的一大进步。在当时的管理科学中，经济人假设占主流，把人当作机器去管理，在这样的时代背景下，社会人假设很前瞻地提出和呼吁管理者要重视员工的心理需要。

社会人假设认为，大多数人不只追求经济利益，而是由社会需求引发工作动机，并通过与同事的关系、获得认同感等得到满足。心理需要的满足、人际关系的影响等因素，比管理者提供的经济利益和强制控制更重要。因此，基于社会人假设的管理理论认为，如果能够满足员工的心理需要，也可以提高他们的工作效率。

3. 自我实现人假设

在社会人假设之后，研究者们又提出了自我实现人假设。自我实现人假设认为，大多数人不是天生不喜欢工作，也不会因为外部控制或惩罚就会为实现工作目标而努力。相反，自我实现人假设认为，如果人们认同工作目标，能够对工作做出承诺，就会通过自我引导和自我控制来实现目标。人的自我实现的需要与所在组织的工作目标没有矛盾，只要给人提供恰当的机会，就可以把两者结合起来，达到我们通常所说的“双赢”目的。特别是在解决工作中的困难问题时，人们普遍具有较高的想象力和创造性决策能力，如果能够激发自我实现的动机，则可能更好地解决困难问题。

基于自我实现人假设形成的管理理论认为，管理人员应该尽可能把工作安排得有意义、对员工有挑战，使员工有满足自我实现需要的机会。自我实现人假设也很强调内在激励的作用，认为应当激发员工的内在动机，激发他们的主动性和积极性，使其充分发挥潜能。管理人员的最主要任务，就是为员工创造实现潜能的条件和机会。

4. 复杂人假设

随着时间的推移和管理心理学的不断发展，管理中的人性假设理论也在不断发展、与时俱进。19 世纪末 20 世纪初是经济人假设占主流的时期，之后的 20 多年主要是社会人假设影响管理行为。后来，随着人本主义和行为科学的兴起，有了自我实现人假设。到 20 世纪末，一种新的人性假设越来越得到认可，即复杂人假设。

复杂人假设认为，大多数人的需要是多种多样的，而且会随着人的发展和生活条件的变化而变化。人在同一时间内有各种需要和动机，随着外部环境的变化又会产生新的需要和动机。人的各种需要和动机在某个时间段成为一个整体，形成了复杂的动机模式。由于人的需要不同、能力各异，对不同的管理方式会有不同的反应，因此，基于复杂人假设的管理理论认为没有一套适合于任何组织、任何时间、任何个人的统一的管理方式，而应该根据组织、工作目标、个体的不同情况而权变地使用管理举措。管理者不但需要了解和洞察员工的个体差异，而且还要具有采取不同管理行为的应变能力。由此也有了领导行为研究中的“权变学说”，认为不要把所有人视为同一类型、用固定的模式加以管理，而是应该考虑工作的性质和成员的需要，进行富有弹性的管理。

从这四种人性假设的内容描述我们可以看到，理论的发展意味着对人的片面结论逐渐转为比较全面的结论。在国际环境中看，尽管大多数国家和社会制度没有发生变化，但生产技术和生活环境在变化，员工的构成和文化素质也在变化。人类对物质利益和精神利益都有追求，对物质利益的追求是人类物质生产和经济活动的最主要、最根本的原动力，对精神利益的追求不仅是人们从事创造精神财富活动的主要动力，也往往成为人们从事物质生产活动的动力，甚至是主要动力。追求利益是人类最一般、最基础的心理特征和行为准则，人的行为积极性的高低，直接受人追求利益的动机强度的制约。

现实的管理实践告诉我们，人性有消极的一面，例如懒惰、被动、猜疑、自利等，所以管理者应致力于树立一种价值观、建立一种制度，去规范、约束、激励员工；人性也有积极的一面，例如热情、主动、敬业、认真、勤奋等，所以管理者只有提供内在激励，才能收到成效。管理者应当善于权变地使用管理方法，来管理人的积极面和消极面。“德治”和“法治”是管理中两个不可或缺的手段，公职人员，特别是领导干部应当根据具体情况，将这些管理举措有效结合起来，使其真正发挥作用。

| 谈心谈话的心理学技巧 |

无论是公职人员，还是其他任何一个职业的从业者，谈心谈话往往是工作的必要内容，我们需要通过谈心谈话去了解情况、沟通信息、解决问题。习近平总书记指出："对干部经常开展同志式的谈心谈话，既指出缺点不足，又给予鞭策鼓励，这是个好传统，要注意保持和发扬。"[①]《关于新形势下党内政治生活的若干准则》对党内谈心谈话做出了明确要求："党组织领导班子成员之间、班子成员和党员之间、党员和党员之间要开展经常性的谈心谈话，坦诚相见，交流思想，交换意见。领导干部要带头谈，也要接受党员、干部约谈。"谈心谈话已经从一种工作方法上升为党内制度。谈心谈话本质上是人与人之间的沟通，其中也有一些可以借鉴的心理学技巧。

1. 明确沟通目的

工作中的谈心谈话与日常生活中的聊天不同，虽然都是人际沟通的方式，但谈心谈话作为一种工作方法，是获取信息、推动工作的手段。工作中的谈心谈话，对话双方都知道这是有一定目的的沟通。即便是日常工作中的沟通，虽没有特别明确的目的，但本质上也有目的，即进行信息交流。

不同的人有不同的沟通交流方式，有一定工作经验的公职人员通常

① 习近平. 着力培养选拔党和人民需要的好干部. 中国领导科学，2015，6：4-7

也已形成适合自己的沟通风格。共事一段时间后，沟通双方通常也能够了解或尊重对方的沟通方式或沟通风格。但是，在谈心谈话等人际沟通中，往往会出现两种影响沟通效果的情况：一种是双方对沟通的目的认识不同，导致沟通效果不好；另一种是沟通过程中情绪因素影响了沟通目的，导致沟通效果不好。

在谈心谈话中，首先应明确沟通目的，这是提高沟通质量的前提。特别是当上级与下级进行谈心谈话时，应当尽可能营造一种平等的谈话氛围，开诚布公地向下级说明谈心谈话的目的，坦率地进行沟通，避免对方盲目猜测沟通目的。工作中的上下级关系本质上是同事关系。但是，上下级关系具有“权威”导向，由此带来的心理压力往往导致下级无法在上级面前畅所欲言。谈心谈话的目的是沟通信息、解决问题。建立相互平等和互相信任的氛围，是高质量沟通的第一步。特别是就一些尖锐问题或矛盾问题进行沟通时，双方首先应当明确沟通目的、营造良好的沟通氛围。

其次，要及时调整情绪，避免影响沟通效果。谈心谈话有时候是为了了解信息，但更多时候是为了解决问题。问题的产生可能完全是由外部因素造成的，也有可能是沟通双方对一件事情的认识不同造成的。尤其是后一种情况，沟通双方往往会带有一定的情绪，如果沟通过程中没有很好地管理情绪，导致激动、愤怒等情绪影响了沟通，谈心谈话就可能演变成吵架，或者埋下抱怨、不理解的种子，影响以后的人际关系和工作关系。因此，谈心谈话的双方在开始谈话和进行沟通的过程中，应当提醒自己沟通的目的是解决问题，不是发泄情绪。当发现自己的情绪状态开始影响沟通时，应当及时调整情绪，避免影响沟通。

2. 把握七个要素

人与人之间的沟通说起来是一件容易的事，仔细研究却是一个复杂的过程。一次谈心谈话中，至少包括 7 个要素，分别是谁说（信息发出者）、跟谁说（信息接受者）、说什么（信息内容）、怎么说（信息通道）、在哪里说（沟通环境）、有没有说明白（信息反馈）、其他影响因素（沟通障碍）。这 7 个要素中的任何一个都会对谈心谈话的质量和结果产生影响。

信息发出者，是指提出谈心谈话和沟通需求的人。他对谈话主题的前期准备工作、他的沟通动机、沟通技巧、谈话时的态度和情绪状态等，都会影响到沟通效果。

信息接收者，就是被沟通、被谈心谈话的人。他是否理解谈心谈话的目的、是否认同谈话的内容、当时的情绪状态等，也是影响沟通效果的关键。

信息内容是指谈心谈话的关键信息。信息是否真实、是否全面，是否除了口头沟通内容，还有文字、图片、视频等信息，沟通内容是不是容易理解、是不是与沟通目的直接相关，这些都会对沟通的质量和结果产生影响。

信息通道指沟通渠道。人和人之间的沟通渠道或方式有很多，谈心谈话通常是面对面谈话，这也是人际沟通中影响力最大的一种沟通方式。除此之外还有电话、微信、其他沟通交流软件和邮件。如果谈心谈话的内容比较复杂或问题比较严重，最好采取面对面沟通的方式。沟通双方的表情、语音、语调、肢体语言等都是信息沟通的载体，也在发挥着传递信息的作用，面对面沟通时这些信息渠道可以发挥作用，避免信息的缺失。

沟通环境是指谈心谈话的背景。不要简单将其理解为物理环境，事实上影响沟通质量的背景因素还可能是文化因素及社会因素。如果沟通双方对这些因素没有心理准备，很可能沟通无法进行下去。物理环境的影响很重要，在一个安静的环境中和在一个嘈杂的环境中、一对一或有他人在场的沟通，对沟通结果的影响可能是不同的。

信息反馈是沟通中很重要但常常被忽视的一个要素。信息反馈的核心是你不仅说，还要让对方也说。在这个过程中，你根据对方的反馈来判断双方是否达成了一致理解。信息反馈可以减少沟通中的误会。

沟通障碍是指可能会影响到沟通质量的其他因素，如提供的沟通信息是否充分，选择的沟通渠道是否恰当，反馈和对反馈的应对是否恰当等，以及双方对沟通本身的想法乃至偏见，这些都可能形成沟通障碍，影响沟通效果。

3. 重视两个要点

还有两点要特别强调，这也是谈心谈话中经常被忽视、应重视的要点。

一是尊重谈话对象的特点。世界上没有完全相同的两片树叶，也没有完全相同的两个人。人和人之间的很多差异都可能导致沟通出问题。生理差异、心理差异、性别差异、社会经验差异、知识技能差异、文化差异等都在影响两个人之间的信息传递和互相理解。在谈心谈话过程中，应当充分尊重谈话对象的特点。要记住，谈心谈话不在于你说了多少，而在于他理解了多少。尊重对方的特点，用对方能够理解和接受的方式进行谈心谈话，更有助于达到沟通目的。

二是重视反复沟通和双向沟通。在两个人的沟通过程中，往往会出现信息流失的情况。因为人的记忆能力、表达能力、沟通过程中各种因素的影响，会导致信息沟通过程就像是一个漏斗，信息不断流失。这是人际沟通中客观存在的现象。为了避免信息流失导致理解偏差，反复沟通和双向沟通就至关重要了。反复沟通是指对一个重要问题进行多次沟通，双向沟通是“既说又听”，沟通双方互相反馈，在这个过程中判断信息是不是完整准确地传递到位。

谈心谈话是增进了解、改进工作的好方法。明确沟通目的、把握七个要素、重视两个要点，都有助于谈心谈话的开展。而谈心谈话还有很重要的一个心理前提，就是真诚。人与人之间的感受很直接、很微妙。无论是否善于沟通，即便是一个不善言辞的人，如果他对谈心谈话的态度是真诚的，这个信息就会很快传递给被谈心谈话的人。人和人之间的沟通，最简单的做法就是开诚布公；人和人之间的理解，最有效的做法就是真诚。你的真诚，通常也可以换来对方的真诚。真诚是一种为人处世的态度，不是工具，不是手段。只有建立在真诚基础上的谈心谈话，才是真正的沟通。

| 批评教育的心理学技巧 |

批评教育是一种常用的工作方法。为了提高工作效率、避免错误再次发生，在工作中会有很多情况需要进行批评教育。批评教育的目的是改进工作，是指向于好的结果，是在帮助他人，但往往批评教育的双方都会感受到压力。这与人的基本心理需要有关，我们更愿意接受肯定自己的信息，不愿意接受否定自己的信息。很小的孩子都会表现出喜欢表扬、不愿意被批评的倾向，成人亦是如此。也即，“批评教育”是重要和必须的，同时也往往会给批评教育的双方都带来压力。进行批评教育的一方可能会有思想压力，担心得罪人；被批评教育的一方由此承受的压力可能更大。其实，我们感受到的压力主要来自不知道如何正确、巧妙地进行批评教育，达到目的且不引发人际冲突、带来不好的情绪体验。对于批评教育，有一些心理学技巧可以借鉴。

1. 就事论事地批评教育

批评教育往往是因为犯了错误或发现了问题，就事论事是批评教育中很重要的一个原则。就事论事的首要前提是准确找到问题或错误的原因，有针对性地进行批评。在就事论事的批评教育中，还应当注意对问题或错误要既分析原因又给出建议。

大多数人、大多数情况下，出错不是出于故意的。工作中出现问题时，可以从主观和客观两个方面去分析原因。主观原因可能是从事这项工作的人在能力和态度方面存在问题，客观原因可能是他不具备完成任务所需要的条件或资源，也可能是外部环境发生了变化导致无论谁去做都可能出现问题。批评教育和分析原因时通常会出现强调主观原因、忽视客观原因的情况，似乎强调客观原因就是在推卸责任。这是一种错误认识。分析原因，最重要的是找准原因，而不是一定要强调主观原因、找到一个可以承担责任的人。

强调主观原因容易在批评教育中引发人际冲突，特别是问题原因本身不是由主观因素造成时。但是，也有一些情况的确是由主观原因造成的，这种情况下进行批评教育要讲究方式方法。工作中，上级和下级岗位职责不同、承担的工作任务不同，在工作中能够获取或掌握的信息不同，很多时候是因为双方信息不一致、认识不一致，导致工作任务的部署和完成过程中出现问题。下级不服上级的批评，通常是由于在下级所掌握的信息和拥有的条件下，他认为自己只能做到这些，因此不认为自己是错误的。如果在批评教育的过程中，双方或某一方高度情绪化，甚至夹杂着道德判断，就很容易出现人际冲突。因此，充分沟通信息，把主观因素的发生情况解释清楚，是批评教育的重点。

无论是主观原因还是客观原因，批评教育的目的都是改进和不再发生类似问题。被批评教育的一方需要认清原因所在，在未来的工作中加以改进。那么如何通过批评教育而真正实现改进工作的目的呢？这需要批评教育双方的共同努力。对被批评教育的人而言，如果他能够事先认识到问题所在，或者掌握完成任务所需要的条件或资源，也许就不会出问题、犯错误了。所以，要让被批评教育的一方认识和接受批评教育，更重要的是为他创造条件，让他提升能力、掌握完成任务所需要的资源，最终完成任务，并在以后遇到类似情况时不再重复犯错。这是批评教育的目的和结果所在。

2. 妥善应对人际冲突

无论工作还是生活，通常都是“表扬容易批评难”。批评教育过程很容易发生人际冲突。心理学研究发现，因工作情境中的批评教育也好，或受其他因素的影响也好，人际冲突往往可归为三类：分歧型冲突、情绪型冲突、干扰型冲突。

分歧型冲突指冲突双方对工作或客观存在的问题有明确的不一致意见。无论原因是什么，表现出来的结果是“认识不同”“意见不一致”。这类冲突的表现形式看上去比较单一，但原因比较复杂。在批评教育过程中，避免或解决这类冲突的核心是双方要尽可能共享足够的信息。意见和态度来源于掌握的信息，双方信息共享度越高，发生冲突的可能性越小。

情绪型冲突指冲突双方存在负面情绪，如厌恶、憎恨、恼怒等，即通常所说的互相看不惯。这种负面情绪可能是由具体工作引发的，也可能是在其他事情发生时形成的，甚至可能仅仅是由“看不惯这个人”而导致的。这种冲突是最不应该存在的，同时也是最消耗情绪的。情绪是一种主观体验，除了惊吓等本能情绪反应外，对于工作中复杂因素引发的情绪，我们应当尽量理性调节，避免额外的情绪因素影响客观的信息沟通。

干扰型冲突是比较复杂或不太容易观察到的一类。双方并没有明显的冲突，但是会存在背后的工作阻碍行为，如背后说坏话、不配合工作等。

这些人际冲突可能是由批评教育引发的，也可能是一直存在而在批评教育过程中被激化。无论如何，在工作中应当尽量避免或妥善处理人际冲突。

人际冲突很复杂，而且有一个特点，即“情境性”很强，就是说很难重现冲突发生时的情境，因此也很难判断已经发生的一件事情中，冲突双方各自的原因或应该承担的责任有多少。因此，在解决工作中的人际冲突时，应当尽量避免纠结于细节，避免试图“还原历史”，而是应尽量着眼于解决眼下的问题，避免将来再出问题。

解决人际冲突，首选的方法是调解。无论是前述三种冲突中的哪一种，无论是客观存在的利益冲突，还是情绪导致的情感冲突，冲突双方都应该认识到，处理不好冲突的结果往往是两败俱伤。双方出于自己的利益去思考问题，同时也应该关心对方的利益，绝大多数情况下，冲突并非“你死我活”，如果能够适度让步，可以争取达成令双方都满意的结果。

对于情绪型人际冲突，如果冲突很严重，可以考虑邀请专业力量介入，帮助双方学习情绪管理的技能，争取实现妥善的调解。

3. 巧妙地批评教育

批评教育的目的是期望行为发生改变，而要在行为上发生改变，首先是要认识到问题的存在、态度发生改变，然后才会有行为的改变。这个过程也是说服对方的过程。

说服一个人往往不那么容易，改变一个人更难，除非这个人自己愿意发生改变。面对批评教育时，通常人的心理是排斥、反对的。要让人心甘情愿地接受批评教育，并且发生行为的改变，就需要有巧妙的批评教育技巧。很多经验丰富的公职人员在批评教育方面往往很有心得体会。批评教育也是有一些技巧的。

谁来批评教育很关键。通常情况下，一个更有权威、更专业的人提出的批评教育更有说服力。特别是这个人对要批评教育的问题本身具有更高的专业性和权威性，他提出的批评教育就容易被人接受。有些领导干部刚刚分管某个业务领域，并不很熟悉情况，如果遇到问题时急于解决、贸然提出批评，往往不容易被接受，还可能影响以后工作的开展。这种情况下的批评教育应特别谨慎。

在批评教育的过程中，"以理服人"很重要。有些领导干部没有管理好情绪，在批评教育时没有很好地处理理智与情感的关系，很冲动或很情绪化地批评人，结果适得其反。当然，也不是说批评教育过程中不能有情绪，或一味地隐藏、克制情绪。如果觉得的确很生气、很难受，是可以理性表达这些情绪的。如果双方对批评教育的事情本身达成了共识，往往也会产生情感上的共鸣，这种情况下真实情感的表达更有助于说服对方，就像我们常说的"动之以情、晓之以理"。

批评教育要"因人而异"，也就是要考虑对方的特点。以年龄为例，对不同年龄阶段的人进行批评教育，采取的沟通方式应该不一样。年轻人正处于成长期，有冲劲同时也容易有挫折感，批评教育与鼓励激励相结合时效果更好。成年人和老年人工作经验多，态度较稳定，实施批评教育可能会比较难，如果能在平等和信任的氛围中进行沟通，在沟通的过程中达到批评教育的目的，效果可能会更好。

4. 既批评又表扬

批评教育是手段，目的是改进工作。在批评教育接近尾声时，不妨实事求是地给予一些表扬，这样更容易得到对方的认同、促进工作的提升。

著名作家林清玄先生写过一篇有趣的文章《有风格的小偷》。有一次他路过一家饭店，突然被人叫住了。一个中年人跑过来，很热情地说："林先生一定不记得我了。"林清玄的确想不起来是怎么一回事，直到这个年轻人讲述了20年前的故事。原来，20年前林清玄曾经在报纸上写过一篇社会新闻报道，讲一个手法高明、长相斯文、可能犯过上千件案子才终于失手的小偷，被抓后并不抵赖，对着一叠失窃照片一一分析，有些照片他一看就承认是自己做的，有些照片他看了一眼就否认："这不是我做的，我的手法没有这么粗。"林清玄在旁边采访，看到这一幕很是感慨，于是在新闻报道里这样评价这个小偷："像思维如此细密、手法这么灵巧、风格这样突出的小偷，又是这么斯文有气魄，如果不做小偷，做任何一行都会有所成就吧！"原来，小偷就是看了这句话，受到了莫大的激励，从此改过自新，出狱后开起了饭店，后来还开了几家分店，当了老板。

任何一个人，即便是违法犯罪的小偷，也并非一无是处，有值得认可甚至值得表扬的地方。工作中被批评教育的对象往往同时也有值得表扬的地方。管理中，批评教育很重要，实事求是的表扬也很重要，而且更可能解决问题、促成行为的改变。

| 提高工作效率的心理学技巧 |

成年人通常已经形成了一套适合自己或者自己更擅长的工作方式。人和人之间的差别很大，心理学研究并不认为有一套固定的模式适合所有人，或者说有一套方法能够让所有人都提高工作效率，这并不现实。

在考虑“提高工作效率”这个问题时，可以去学习和摸索更好的工作方式，但是一定要先认识到一个基本前提——这种方式是否适合你。如果你对某种工作方式很认可，使用后的确感受到工作效率的提升，这就是适合你的。如果你对某种工作方式有质疑，即使强迫自己去学习，但是学的过程很痛苦，花了很多时间和精力，仍没有看到效果，那么恐怕这种方法就是不适合你的，应当及时放弃、适时止损。在工作方法等心理技巧的学习中，一定要避免盲从。

本节针对影响工作效率的三个普遍问题，介绍三个小技巧：排除情绪干扰、时间管理、目标管理。

1. 排除情绪干扰

为什么要把排除情绪干扰放在提高工作效率的第一点呢？无论是科学研究还是组织管理实践都发现，很多时候、很多情况下，情绪干扰着我们的工作行为，影响我们的工作效率。

当一个人开始关注一个问题时，往往是因为这个问题给自己带来了压力。想要提高工作效率也是这样。我们通常是在面对具体任务和工作要求，同时又觉得时间紧张或产生能力质疑、感觉到吃力时，考虑提高工作效率。这种情境就是通常所说的工作压力情境。

前文介绍过，在压力应对中，首要和核心的是区分客观压力和主观压力。压力的性质不同，应对方式也不同。解决客观压力需要聚焦问题，解决主观压力需要聚焦情绪。在工作中，主观压力往往与客观压力交织在一起，客观压力由工作任务带来，主观压力由工作情绪带来。把排除情绪干扰放在提高工作效率的第一位，就是要提醒大家，在有工作压力时，必然会产生一些情绪体验，应当科学、理性、及时地排除情绪干扰。

调节情绪的方法很多，最简单有效的方法就是运动。采用运动方式来调节情绪，应当把握两个要点：一是选择适合自己的运动，二是长时间坚持适合自己的运动。人和人的生理差异、性格差异往往很大。在选择运动方式时，好动的人可以通过需要跑、跳等的运动方式来调节情绪；喜静的人可以试试冥想，结合音乐频率，通过放松、腹式呼吸、心理意向等方法来调节身心。没有哪种运动方式是最好的，适合自己的就是好的。任何一种运动方式都需要坚持才能实现真正的效果。通过运动方式调节情绪，也需要长期坚持和摸索，最终形成适合自己的方式。除了上述两个要点，在面对不同情绪体验时，还可以有所侧重地选择运动方式。通常，需要耐力的体育锻炼可以缓解急躁、易怒情绪；需要他人一起参与的体育锻炼可以缓解孤独情绪；挑战难度比较高的项目可以提醒自己不要自负。

情绪过于紧张时，可以考虑采用放松训练的方法，这是美国医生埃德蒙・雅各布森（Edmund Jacobson）发明的渐进式肌肉放松法。他的方法简单易学，基本的过程就是把肌肉收缩与肌肉放松的阶段结合起来，然后逐步进行。通过放松身体肌肉，来实现情绪放松。

渐进式肌肉放松法通常包括以下几个要素。第一个是肌肉放松的程序，可以采取坐姿，也可以采取站姿，从脚开始，然后是小腿、大腿、臀部、腰腹部、胸部、手和胳膊，逐渐上升到头部。训练时可以先体会一下每个部位的肌肉群，感受自己把每个部位的肌肉收紧的感觉。这个相当于基础动作，学会让某个部位的肌肉收紧、放松。第二个是某个部位的肌肉群在收紧时，其他位置的肌肉群应该是放松的，也就是要把自己的注意力集中在收紧的那部分肌肉群。第三个要素，当心里默念收缩时，肌肉群收缩的状态要保持 5～10 秒，可以在心里默数 5～10 下，随后放松肌肉群，放松的时间大概是 45 秒。第四个，在收和放的过程中把自己的注意力集中在收缩的强度上，就是能让自己感觉到肌肉的紧张；而在放松时要特别关注松弛感，感觉到自己收紧的那块肌肉突然一下子彻底放松了。读者可以尝试练习一下这种方法，做一次全身放松的时间不超过 10 分钟，如果能够坚持，一定会感受到放松的好处。

2. 时间管理

上一部分我们介绍了情绪过于紧张时如何放松自己。在工作中还有一种情况与之相反，是过于放松、无法让自己紧张起来，这种情况下可以尝试进行有效的“时间管理”。

在介绍时间管理方法前，先介绍一个概念——时间骗子，指的是试图在一个时间点上做很多件事情的人。之所以叫时间骗子，一方面是这个人在用一些借口去欺骗时间；另一方面他也被时间欺骗了，他总认为在同一个时间段自己可以做很多事，但最后发现什么事也做不了。所以，要进行有效的时间管理，首先不要成为一个时间骗子。

有效的时间管理包括三个核心要素：第一是按优先次序排列好要做的事情；第二是为这些事情确定一个时间表；第三是按照优先次序和时间表完成自己的计划。从这三点来看，时间管理很简单，每个人都可以去做。但实际上真正能够做到并不容易，因为在时间管理的过程中有很多小问题、小毛病、小障碍，导致我们无法实现自己的计划，比如以下两个常见的小障碍：时间表中断、计划无意义。

时间表中断是指在制定时间表时很多人总是雄心勃勃，把自己一天的所有时间都安排得很充足，没有给自己留出休息或分心的时间。而一旦有其他事情打扰自己，使计划受到影响，就会由此产生挫败感，觉得自己没有执行好计划，甚至因此而彻底放弃自己的计划。于是陷入一个怪圈，不停地做计划，不停地被打断，计划总是无法完成。要避免这种恶性循环的情况出现，很重要的一个技巧是在安排时间表时留出一定的空余时间，有足够的弹性。即便出现一些突发事情，也可以在预留的机动时间里去完成，而不至于影响到整体的计划。请相信：只要你做了计划，肯定会有其他事情干扰计划的执行。所以，在做计划时记得预先留出一些时间来，从容处理计划外的事情，同时也能够保证计划内的任务可以完成。

计划无意义是指在制订计划时要有所选择，列出工作或生活中真正重要的事情，而不要把那些消耗时间和能量的事情列入计划。很多人在排列优先顺序和制定时间表时做得很细致，无可厚非，但是在“到底应该做什么事情”这个原则问题上并没有想清楚，导致花了很多时间和精力去做对自己没有意义、对成长没有帮助的事情。哪些事情才是真正重要的事情？当自己对此想不清楚时，不妨向生活或工作中自己尊重的长者、前辈求教，听取过来人的建议，帮助自己判断和做出选择，把时间和计划用于真正有意义的事情。

3. 目标管理

目标管理的核心内容是设定恰当的目标。这个目标应当是既有一定难度又有实现的可能，能够对人产生激励作用，吸引人付诸行动去实现。目标太难，人会容易放弃；目标太简单，人会感觉没有成就感。在行动过程中，人们要将自己的行为与目标进行对照，及时调整和修正，从而保证目标的实现。

有很多人觉得自己有“拖延症”，或者觉得自己有完美主义倾向，导致事情总是做不完。此外，还有一些人对自己的工作效率不满意，觉得还应该提高工作效率。在这些情况下，可以尝试用目标管理的方法来改变行为、提高工作效率。

在进行目标管理时，应注意以下几个要素。

1）目标要明确。要清楚地告诉自己需要付出多大努力、完成多少任务、实现什么目标。模糊的目标不利于引导个体的行为和评价成绩。此外，了解行为目的和结果能减少行为的盲目性，提高行为的自我控制水平。

2）目标难度要适中。目标太容易，起不到激励作用，完成以后也不会让人有成就感；目标太难，很可能无法实现，会使人产生挫败感、自信心受打击。作为领导干部的公职人员，在给他人设定工作目标时应当注意因人而异地设置目标难度。同样一个目标对 A 来说可能很简单，对 B 可能就很难。因此，目标难度的设定要适度，既能吸引人去完成，又要有一定难度，人们需要付诸努力、可以通过完成任务来提升能力。

3）设定目标后一定要坚持。通常当人们认为目标能够达到、而达到目标又有很重要的意义时，对目标的承诺就加强了。如果是给下属设定目标，想要下属对目标的承诺比较强，最好是让他参与目标设定，增强对目标的认同和承诺。

4）既要有目标，还要有行动过程中的反馈。目标与反馈结合在一起更能提高绩效。目标能向人们指出应达到什么样的目的或结果，反馈则告诉人们这些标准满足得怎么样，哪些地方做得好、哪些地方有待于改进。

| 改变拖延行为的心理学技巧 |

每个人都有过逃避或推迟做一件事情的经历。有时候是因为不愿意做，有时候是觉得自己没有能力去完成。不论什么原因，这样的经历很多人都有过。心理学家曾经做过研究，如果用一些行为指标来描述拖延症，并用这些指标去做调查，发现超过 70%的大学生报告他们有过某种类型的拖延症。生活中我们也有这样的经验，经常有人笑称自己得了“拖延症”。

对公职人员而言，“拖延症”可不是可以“笑称”的事。提高公职人员的行动力，是一项重要而紧迫的工作。在贯彻执行党和国家的路线方针政策、落实上级的指示决定命令的过程中，公职人员的行动力是非常关键的要素。因此，我们有必要认真对待这个问题。到底人为什么会有拖延行为？如何改变拖延的行为习惯，让自己成为一个执行力强的人？

1. 为什么会有拖延行为

在客观层面，导致拖延行为的原因往往有以下几个方面：一是要做的事情难度大，需要投入较大的努力去完成，有“畏难情绪”；二是预期到要做的事情必然会带来不好的结果，可能会让自己受到惩罚，有“逃避情绪”；三是事情本身“不好玩”，例如工作任务很单调、在完成工作任务的过程中觉得很痛苦、有很糟糕的情绪体验；四是在完成这件事情的同时，还有其他的选择，那些事情的诱惑力更大；五是一种特殊情况——时间越多越拖延。

在主观层面，导致拖延行为的原因往往有以下几个方面：一是不自信，觉得自己没有完成任务的能力或者不具备完成任务的条件，不愿意投入。二是对要做的事情非常不喜欢，在还没有开始行动时就已经体验到非常糟糕的情绪，不愿意去做。三是具有完美主义倾向，这是从人格层面进行的分析。完美主义倾向听起来似乎是一个单纯的褒义词，但实际上存在一种负面的或消极的完美主义倾向，这种倾向的结果不是积极追求成功，而是消极逃避失败。很多时候，完美主义倾向变成了不愿意行动的美好借口。四是觉得某件事情不重要，没有将之列入行动计划。

2. 如何提高行动力

分析拖延行为的原因，目的是找到避免拖延、有效提高行动力的方法。可以从以下几方面尝试提高行动力。

第一，提升能力和创造条件。如果要做的事情难度大，那么首先应当马上行动、提高自己完成这件事情的能力，或者去寻找能够给自己提供支持的外援。在积累和提高能力的过程中，可以增强对完成任务的自信。拖延不仅对完成任务没有任何帮助，而且越拖延越会损害一个人的自尊和自信。

第二，改变认知和调节情绪。如果要完成的事情本身会带来糟糕的情绪体验，让一个人不愿意去做，而不是其不具备能力和条件，那么提高行动力的侧重点就应当放在改变认知和调节情绪上。首先可以理性地分析一下，是不是有别的选择。如果别无选择，必须去做，那么就要相信自己可以调整好情绪。在社会生活中，很多时候人类面临的问题是一样的：处理好理智和情感之间的关系。情绪体验是人的本能的生理体验，但人的大脑皮层有更高级的认知功能，它可以帮助我们认识到情绪是理性的还是非理性的。往往理性的决策更有利于我们。如果一件事情是必须去做、别无选择的，同时也是我们可以做到的，那么越早完成越好，越拖延，情绪成本越高。这样比较一下，你还有什么拖延的理由呢？

第三，如果是受到完美主义倾向的负面影响，那么解决起来的难度要大一些。一个人的人格特征的形成比较缓慢，而且在形成之后往往很难改变。实际上，绝对的完美主义者很少，绝大部分人只是在具体行为中有完美主义倾向，因此，如果付诸努力、用好方法，是可以做出改变的。完美主义倾向在认知层面有一个误区，就是希望自己“最好”，但实际上“最好”是由“更好”累积而成的。如果能够把对最终结果的期望分解为对每一阶段小目标、小进步的期望，把绝对的完美分解为每一点进步带来的美好体验，那么拖延行为也就在不知不觉中被改变了。

3. 有计划地采取行动

行为是可以计划的。或者说，有计划的行为更容易提高执行力，推动好的预期结果的产生。心理学家埃塞克·阿杰恩（Icek Ajzen）提出的“计划行为理论”很有影响，这个理论系统分析了人的实际行为是如何产生的。

计划行为理论认为，要产生实际行动，首先需要产生行为意向。而行为意向的产生又受到三个因素的影响。第一是我们对这个行为的态度，第二是主观规范，第三是我们能够知觉到的对行为的控制（下图）。

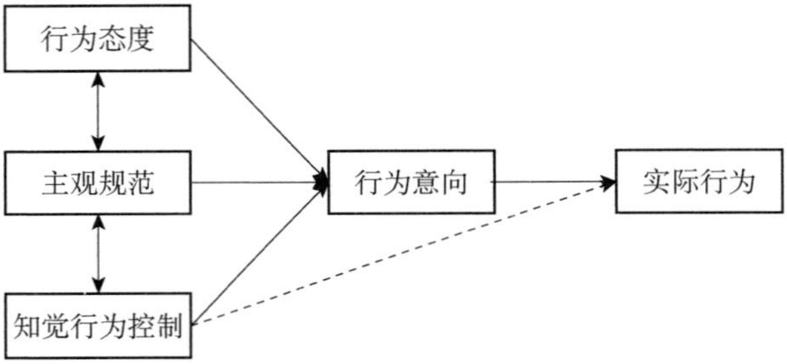

以找工作为例。行为态度指的是行动意图，找工作的动机越强烈，就越可能推动找工作的实际行为。主观规范指的是感觉到的社会支持。我们要做一件事情、要有一个行动时，一定是处于某个社会环境中，会感受到社会压力，特别是身边的、对我们很重要的那些人的看法。他们的态度和支持行为，就是我们所感受到的主观规范。这种支持是客观存在的，不是简单的主观感受，因为这种支持是指向具体行为的。如果家人支持一个人，他们会帮忙找工作机会，经常交流和传递对找工作有帮助的信息，会鼓励这个人积极地去投简历、去面试。行为控制，指的是对自己完成这件事情的能力的评价，以及对完成这件事所能够掌握的资源的评价。如果感受到比较强的行为控制，也就意味着对要采取的行动更有信心。简言之，有强烈动机、得到身边人的支持、有足够的信心，这三点是“有计划地采取行动”的前提条件。

按照计划行为理论的解释，当我们希望提高自己的执行力时，应该从一件具体的事情入手，尝试改变拖延行为和提高行动力。要实现这个目标，首先要产生明确的行为意向。可以从三个方面做出努力：一是明确自己要完成这件事情的态度；二是得到身边的重要他人的支持，而不是感受到负面的压力；三是提高自信心，尽量争取条件和资源，设置可以实现的目标，在实现目标的过程中不断提升自己的能力、增强自信。

| 应对挫折的心理学技巧 |

挫折无处不在。人生逆境，十之八九，谁都有可能遇到。

挫折是人们完成目标时遇到的困难或所处的困境。挫折本身不会打倒一个人，真正打倒人的，是挫折感。因此，经历同样的外部挫折，有些人一蹶不振，有些人却可以一笑而过。甚至有些人认为的人生挫折，有些人却根本不认为是挫折。在很大程度上，我们对挫折的认识、对挫折感的应对影响着我们的行为甚至生活。了解这些规律，能够帮助我们正确地应对挫折。

1. 不要因为挫折而失去希望

心理学研究中有一个主题叫“习得性无助”，是著名的积极心理学家马丁・塞利格曼（Martin Seligman）提出的。塞利格曼是积极心理学的代表人物之一，曾担任过美国心理学会主席，是一位很有影响的心理学家。

20 世纪 60 年代，他在用狗做动物实验时发现了习得性无助现象。他把狗放在实验箱里，给狗施加电击。在电击前先把狗拴住，狗试图逃跑，但发现自己无法逃脱。在这个过程中，慢慢地，参与实验的狗发现自己无法逃脱、无法成功，逐渐感受到了“无助”。当再对这些狗施加电击时，大多数狗只会趴在笼子里狂叫，而不会尝试逃跑。继续实验，即便把绳子解开，施加电击时大多数狗仍然选择了放弃逃脱。这就是习得性无助，这种心理行为表现在人类中也很常见，反复的挫折使得放弃了努力，即便有条件解救自己，也会选择放弃。

习得性无助是人在生活和工作中遭遇挫折，特别是认为自己没有办法改变时，经常出现的一种心理状态。习得性无助的具体表现就是“认为自己没有办法改变”，这几个字是对挫折的归因。如果一个人倾向把自己的失败归因于“一般的、持续不变的”因素，就容易产生无助感。举例来说，一个人认为失败的原因是自己笨，这就是一个“一般的、持续不变的”因素，这个人就容易产生习得性无助；如果认为失败的原因是自己没有努力，那就意味着自己还有希望，下次如果努力了就可能成功，这种归因可以防止无助感的产生。

塞利格曼的研究发现习得性无助与抑郁的表现很相似，具体的表现都是一个人觉得自己没有用、丧失希望、活力下降、攻击性减弱、性欲丧失、食欲减退等。陷入这种状态的人，即便在别人看来是正常人，甚至可能是别人认为成功的人，他也会感觉自己是个失败者，陷入沮丧和痛苦中。

塞利格曼发现习得性无助后，很想知道如何去改变这一状态。对参与实验的狗来说，简单而又快速有效的办法就是把它硬拉到实验箱的另一边，帮助它躲避电击。几次之后，大多数狗会重新点燃希望。同理，如果要消除一个人的习得性无助，有效的办法之一是让他们学习一些课程、参与一些活动、完成一些任务，帮助他们从中重新找到自信、认识到自己能够成功。需要特别注意的是，这些课程、活动或任务最好是专业人员设计和实施的，以避免过程中出现极端问题，毕竟陷入习得性无助状态的人往往比较脆弱，需要更多的保护。

当然，最好的办法还是预防，在遭遇挫折时提醒自己不要陷入习得性无助的困境。生活和工作中一定是有成功也有失败，在某个阶段，可能因为种种因素遭遇失败的时候居多。越是这种时候，越要提醒自己经受挑战、努力改变。

2. 不要因为挫折而攻击别人

遭遇挫折时，通常人们的第一反应是坚持行为。例如用钥匙开门，一次没打开，我们会尝试两次、三次、多次扭动钥匙。这就是坚持行为。但是如果重复多次还不成功，有的人可能会踢门一脚，这就表现出了攻击行为。如果非常着急要进门或情绪状态很不好，还可能引发暴力行为，如砸破门。这就是由挫折引发了攻击行为。

攻击行为有不同的类型。挫折引发的攻击行为有些是直接攻击，有些是目标转移后的间接攻击。直接攻击指向挫折来源，就像前面举的例子，打不开门就踢门。间接攻击是指把攻击的目标转移到其他人或其他事情上，而不是对挫折来源发起攻击。典型的、社会影响很恶劣的一种间接攻击表现就是欺负弱者，如伤害儿童。有多起暴力伤童事件，是因为行凶者在生活中处处失意、心生不满，挫折引发了间接攻击行为，以伤害儿童来发泄和报复社会。无论是直接攻击，还是间接攻击，都是错误的、不恰当的挫折应对行为。这些攻击行为不仅无助于消除挫折感，而且很可能带来伤己伤人、无法弥补的后果。

3. 培养积极乐观的心理品质

心理学研究发现，面对未知事件时，有的人总是认为自己可以做得更好，有的人总是认为事情会变得更糟。相比较，认为可能会更好的人往往表现更加出色，自我感觉也会比较好，这类人就是乐观的人。乐观和悲观不是临时的或者是永恒的。通常我们每个人都是时而乐观、时而悲观的。但是总体上还是可以区分出比较乐观的人和比较悲观的人。

为什么乐观主义者比悲观主义者更善于应对危机、挑战和挫折呢?研究者发现主要的原因在于，这两类人面对问题时使用的应对策略不同。遇到问题时，通常人们的应对策略有三种：一种以解决问题为中心，还有一种以处理情绪为中心，另外一种是回避策略。乐观主义者通常更倾向使用第一种和第二种策略，我们将其可以简称为积极的处理策略。

以解决问题为中心的策略，简言之就是直面问题、积极行动。哪怕只是简单的行动，未能彻底解决问题，也比什么都不做要好。例如，家里突然背上了沉重的经济包袱，以解决问题为中心的人会想着多少赚点钱，积少成多总是可以解决问题的，而不是不行动、不想办法赚钱，也不会只想赚大钱却什么都不干。总之，以解决问题为中心的人，在遇到问题时首先采取的策略是“行动”，直面问题、采取行动去一点一点地解决问题。

以处理情绪为中心的策略，简言之就是想办法减轻因这个问题而产生的情绪压力。例如，一对夫妻离婚了，习惯使用这种策略的人往往不会沉浸在婚姻失败的痛苦中，而是会从这段经历中反思自己应该吸取什么教训、在下一段亲密关系中如何做到更好。

而采取回避策略的人，实际上是在欺骗自己和忽略问题。例如，感到工作压力非常大，于是选择酗酒来麻醉自己，以此转移焦虑。这种方法不仅于事无补，而且可能导致恶性循环，带来更大的压力和更糟糕的后果。

那么，面对问题时应该采取问题中心的策略，还是情绪中心的策略？我们可以从两个方面去考虑。第一，如果的确存在解决问题的办法，那么最明智的做法就是迅速采取行动。第二，要考虑个体差异。有些人的性格更喜欢行动，有些人则更喜欢先静静，给自己一个处理情绪的空间，然后再去考虑行动。总之，不同的策略在不同的情境中发挥作用。

无论如何，面对挫折和挑战时，采取行动总比不采取行动好，采取积极策略总比采取回避策略更有助于问题的解决。

工作中的挫折感，有些是由具体工作任务带来的，有些是因对职业发展不满意或者进入职业发展平台期而产生的。后两种挫折感更复杂，因为不是指向具体的人或事，而是指向一种状态。这种情况下应该如何应对？一种方法是要避免消极的元认知。有研究发现，认为自己的工作没有价值或者不快乐的人，通常有一个共同的消极元认知，就是没有一个学习或工作领域是他所感兴趣的。他对现在的工作不满意，换了别的工作可能还是不满意。如果抱有这样的消极元认知，那么无论从事什么职业，这个人都不会有价值感和快乐感。因此，如果是这种情况带来挫折感，应当采取的行动不是不工作或换工作，而是先从自己正在做的事情入手寻找兴趣点。另一种应对挫折感的有效方法是学习新东西，可以是与工作有关的新知识、新信息，也可以是与自己的生活、个人兴趣有关的新知识、新信息。在获取新信息的过程中，人们自然而然就会拓展思路，找到问题的原因或解决办法，从而产生新的想法和希望。

| 你可以做到工作家庭平衡 |

工作和家庭是成年人生活中最主要的两个领域。这两个领域密切相关、互相影响。处理好工作家庭关系，对公职人员的心理健康和工作效率都有重要意义。

提到工作家庭关系，可能很多人首先想到的是加班。有一段时间媒体热议“996 工作制”，这是中国互联网企业盛行的一种加班文化，从早上 9 点上班到晚上 9 点下班，中午休息不到 1 小时，总计工作时间 10 小时以上，而且每周要工作 6 天。这种工作制度违反了《中华人民共和国劳动法》，对此《人民日报》发表评论员文章《强制加班不应成为企业文化》，批评了这种做法。这样的加班不仅违反《中华人民共和国劳动法》，也会给员工的身体健康、心理健康和家庭生活带来负面影响。加班的本质应当是偶尔的工作需要，如果演变成“只有加班才能表现出工作努力来”，那就是一种扭曲的工作价值观，不应当被提倡。

公职人员应当处理好工作和家庭的关系。中央八项规定出台以后，习近平总书记曾经专门就此说过：“广大党员、干部从文山会海和接待应酬中解脱出来，工作方式和生活方式发生明显转变，大多数干部觉得解脱了、身心舒畅，家庭也有亲切感了。”[①]八项规定的实施，无形中帮助公职人员形成了健康的工作方式和生活方式。

虽然大家普遍认识到处理好工作和家庭关系的重要性，但是现实生活中，公职人员仍然会在一些时刻、一些具体的事情中感受到了工作家庭冲突带来的压力。在一些心理学调查分析中，研究者也发现“处理家庭关系”是公职人员的压力源或希望学习的心理学知识之一。本节重点介绍心理学研究中发现的工作家庭关系中的规律性问题，以帮助公职人员更好地认识和实现工作家庭平衡。

1. 工作–家庭冲突的类型

在管理心理学研究中，很早就有研究者关注工作和家庭互相影响的问题。当工作使得一个人难以尽到对家庭的责任，或者家庭负担过重而影响工作时，就会发生工作–家庭冲突。管理心理学有一些理论，从不

① 习近平在兰考县委常委扩大会上的讲话. 新华网. http://www.xinhuanet.com/politics/2015-09/08/c128206459.htm[2015-09-08]

同的视角分析和解释了工作–家庭冲突。

角色冲突理论认为，工作家庭–冲突是由一个人的工作角色压力和家庭角色压力不兼容导致的。例如，一位父亲晚上需要加班，同时又需要回家接孩子，这两件事情同时发生时冲突也就发生了，而这个冲突是在一个人所扮演的不同角色之间产生的。

边界理论认为，工作和家庭各自都有边界，如果边界模糊就会导致工作–家庭冲突问题。这种理论认为，工作和家庭这两个边界之间的影响可能是积极的，也可能是消极的。积极影响是指工作中状态比较好，对家庭生活会有促进作用；消极影响是指工作压力会引发家庭成员的困扰，导致不能很好地进行家庭生活，反之亦然。边界理论认为，工作或家庭各自边界中一个方面的不满意，可以通过另一个方面的满意来抵消。例如，可以通过增加收入来减少家庭生活中的不满意；或者如果在工作中很劳累，回到家能够得到充分放松的话，也可以避免工作–家庭冲突。

文化层面的理论认为，工作-家庭冲突是由“非传统性别角色”卷入导致的。传统的性别角色是指“男主外女主内”，这是中国文化中最常见的家庭成员分工结构。如果女性工作者的工作时间增加、家庭角色中的“主外”角色更主要，而家庭中其他成员并不认同和接受这种“非传统”的角色分工，工作-家庭冲突就有可能产生。当前，女性在职场上发挥的作用越来越大，如果还抱有传统的性别角色认知，那么这种工作-家庭冲突就很难避免了。

社会支持理论也对工作–家庭冲突进行了分析，认为如果能够得到来自同事或工作单位的社会支持，可以减少角色冲突带来的工作家庭压力。

2. 男性和女性感受到的压力不同

女性在职业生涯中的确承担着更多的压力。研究发现，与男性相比，工资低、压力大、职业刻板印象、玻璃天花板效应、性骚扰等是职场女性更容易遭遇的工作压力。女性生育年龄在推迟，这个趋势对女性的职业生涯发展和工作–家庭平衡的影响很大。

我国第六次人口普查的数据显示，我国男性和女性人口的比例接近1∶1，男性占人口总数的51.27%，女性占48.73%。国家统计局的数据显示，2018年全国女性就业人员占全社会就业人员的比重为43.7%；第十三届全国人民代表大会有女代表742名，占代表总数的24.9%；政协第十三届全国委员会中有女委员440人，占委员总数的20.4%。2018年，企业职工董事会中女性占比为39.9%，企业监事会中女性占比为41.9%。女性在政治生活和经济管理中的占比都达到历史新高。此外，女性接受高等教育的水平也在提高。2018年，在我国高等教育在校生中，女研究生为135.6万人，占全部研究生的49.6%；普通本专科女生为1487.4万人，占普通本专科的52.5%。[①]从数据看，女性在职场上可以发挥作用的空间在增大，因此，女性在职场中所承受的压力也越发需要得到关注。

提到性别偏见，人们往往会联想到职场中男性对女性的偏见。心理学研究发现，职场中男性对女性往往是客观贬低和主观好感同时存在。也就是说，男性一方面否定或不认可女性的能力与权利；另一方面会对女性给予帮助，或者对符合其传统角色认知的女性给予肯定。在现实生活中，男性对女性直接表现出敌意或偏见的情况的确存在，但越来越少，或者越来越隐蔽。性别偏见更常见的具体表现是“善意性别偏见”，是指男性在主观情感上爱护女性，但是将她们限制在传统性别角色定位上。这种偏见，表面上是对女性的保护或尊重，实际对女性的职业能力提升和职业发展有很多消极影响，本质上还是在很隐蔽或迷惑性地设置和限定女性的“性别角色”，使女性处于弱势或从属的位置。性别平等

① 王俊岭. 中国女性就业者占比超四成. 人民日报海外版. 2019年12月11日第11版. http://paper.people.com.cn/rmrbhwb/html/2019-12/11/content_1960905.htm［2019-12-11］

问题很复杂，女性了解这些研究成果，感知到职场中存在的可能影响客观、公平、权利的因素，认识到可能存在的偏见及影响，是争取能力提升和发展空间的前提。

同时，男性也承受着与女性不同、具有性别特征的压力。在中国文化中，男性通常被认为是养家糊口的人，要为家庭提供基本的经济保障。虽然多年以前中国双职工家庭的占比就比较高了，但是人们还是传统地认为男性要在社会中承担更大的责任，在家庭中也要做出更大的贡献。这种社会文化对社会角色的期望也给男性带来了压力。

3. 促进工作–家庭平衡的方法

如何才能促进和实现工作家庭的平衡呢？可以从两个层面去努力。

在个人层面，我们至少可以做如下一些事情。

首先是把握自己的角色定位。我们既有在自己家庭中的角色定位，也有在工作中的角色定位。在家庭中，如果与其他家庭成员在家庭角色分工上意见不一致，往往就会发生冲突。例如，一方认为另一方投入家庭的时间太少了。前文在讲述婚姻关系和家庭关系时，也特别强调过这一点，夫妻双方应当很好地沟通，对于各自在家庭中扮演的角色要有清楚定位，这是建立良好家庭和婚姻关系的前提。如果角色定位之间存在客观冲突，那么就应当考虑有所取舍了。减少工作时间或减少家庭时间都是选择，核心在于夫妻双方经过很好的沟通，都认同这一取舍。一旦做出决定，双方的态度和行为也应随之调整，认识到某个方面、某种程度的牺牲是为了其他方面的收获，而不是只看到“舍”、无视于“得”。

其次是获得社会支持。随着社会的发展，生活中的很多事情可以通过各种方式得到外部帮助。在现在的城市家庭中，很多年轻人依靠父母或雇佣保姆来帮助照顾小孩。随着社区经济圈、文化圈的不断发展，同一个社区里年轻的爸爸妈妈们可以通过互相帮助的方式来减轻生活压力，如轮流负责接送小孩，节省接送小孩上下学（幼儿园）的时间，从而有更多的时间投入工作或者家庭生活。这些都是有条件、有价值、值得尝试的策略。

在组织层面，为了让员工尽可能实现工作–家庭平衡，减少由此产生的额外压力，使员工有效地开展工作或提高工作效率，组织可以为员工提供一些可能的支持，例如提供婴幼儿看护、实施有弹性的工作时间安排等，这些投入是值得的。

| 构建风清气正的组织文化 |

当提到工作对一个人的心理影响时，我们会想到工作本身的性质、薪酬、其他待遇、人际关系等。还有一个工作因素对每一个工作者都在产生影响，但往往没有得到足够的重视，这个因素就是组织文化。对于公职人员，我们可以将其理解为机关文化。机关文化是工作环境的重要构成，机关文化对公职人员的影响就像空气质量对身体健康的影响，不容忽视。

如果向一位党政领导干部提问，你所在的单位是什么样的文化？我们听到的回答通常有两大类：一类是具体到某一个或某几个特点，如和谐、讲效率、人际关系简单、合作。当然也能听到一些负面的表达，如人际关系紧张、各顾各的等。另一类是把行业的特点等同于单位文化，如医疗行业、教师行业、警察等，社会对这些职业往往有固定的认知，因此常常被用来说是单位的文化。以上这些认识都带有一定的片面性。本节主要介绍从心理学角度应该如何完整地理解组织文化，组织文化的影响因素是什么，以及如何构建一个风清气正的组织文化。

1. 什么是组织文化

心理学研究对组织文化的结构划分有不同的看法，大致有三种。有的认为组织文化包括两部分，一部分是外显文化，另一部分是内隐文化；有的认为组织文化包括三部分，分别是物质文化、行为文化和精神文化；还有的认为组织文化包括四部分：物质文化、制度文化、行为文化和精神文化。这些出于不同研究目的和理论假设的划分都有一定的道理。为了更清楚地解释组织文化，本节会从四个层面来阐述。

物质文化指物理环境，包括建筑物外观、工作场所和工作设施的设置等。制度文化是单位明文规定的各项规章制度、工作流程、纪律要求等。行为文化不像物质文化和制度文化那么外显，但是代表着单位的行为规范，即哪些行为是大家认同的、可以被接受的，哪些行为是不被接受的。精神文化则是更深层次或更为核心的组织文化，体现着单位里绝大多数人认同的价值观。

组织文化的形成是一个不断发展的过程。不断有新的人进来，带来新的行为表现和价值观，在与单位已有文化的磨合过程中逐渐互相适应。当然也有最终难以磨合、无法适应的情况。这个过程往往会带来比较多的情绪消耗，对在单位的工作效率也有负面影响。

2. 组织文化的影响因素

物质文化的影响比较容易理解，如执法机关国徽高悬，代表着庄重和肃穆；行政服务大厅的设置要温暖、宜人，不应出现电视剧《人民的名义》中那样接待窗口太矮、只能蹲着交流的情况，这是由工作性质和内容决定的。

制度文化的影响首先取决于制度本身的合理性和与时俱进的革新性，同时也在于老员工对新员工的传帮带。有制度不执行，不如没有制度；如果有明制度，同时还有一些潜规则，那么对制度文化来说具有破坏性。

行为文化属于内隐文化，不像物质文化和制度文化那么外显，而是需要在单位运行过程中、成员完成具体工作任务的过程中，组织成员逐渐形成清晰的认识，形成共识的规则。

精神文化的形成是最难的，同时往往也是对成员影响最大的。随着新生代员工进入职场，组织中人员的构成日益多元化，组织文化的冲突可能比以往更加突出。单位中每一个成员都有个人诉求，都期望有个人空间、得到个人发展，但同时又必须适应单位已经构建好的物质文化、制度文化和行为文化，如果适应不良，对工作和个人成长都可能造成伤害。

组织文化，特别是精神文化的形成，关键在于主要领导。这个群体影响甚至决定着组织文化的其他三个层面，在组织文化的塑造和发展中有关键影响。组织文化与家庭教育有相似之处，主要领导的言传身教胜过制度约束和行为要求。

3. 如何构建一个风清气正的组织文化

组织文化是每一位成员在机关工作中、在长期发展过程中，逐渐培育形成并共同遵守的最高目标、价值观念、基本信念和行为规范。这个概念中隐含两点意思：一是组织文化会体现在每一个成员身上，二是组织文化应当是绝大多数成员认同并且遵守的。这样的组织文化才是对工作和事业发展真正有推动作用的文化。

构建风清气正的组织文化要从认知、情感、行为三个方面努力。认知层面，首先要让单位中的每一个成员都知道组织文化的内涵是什么。

物质文化层面，可以通过宣传语、标识牌、工作手册等方式，让成员了解组织文化。情感层面，要让每一个成员都真正认同组织文化的价值观、文化氛围。行为层面，则不仅要让成员的行为与组织文化倡导的行为相吻合，更重要的是要能够引导和激发成员的自动行为，使其自觉维护组织文化。

组织文化可以是多种多样的。可能有的组织文化更重制度，有的组织文化更重包容，有的组织文化更重效率。归根到底，组织文化要服务于单位的工作目标。但是，无论哪种组织类型，在当前全面从严治党的背景下，“风清气正”应当是组织文化中的一个核心要素。

风清气正有具体含义。习近平总书记在出席中央和国家机关党的建设工作会议时发表重要讲话强调，中央和国家机关要“持之以恒正风肃纪、建设风清气正的政治机关”，要“带头弘扬党的光荣传统和优良作风”，“让群众切身感受到新变化新气象”。[①]这些要求，就是在不同层面对构建风清气正的机关文化提出的具体要求，也是对各级机关和党员领导干部如何构建机关文化做出的指导。

机关心理服务平台建设

心理健康受个人因素、家庭环境、工作环境、社会环境等多种因素的影响，公职人员也不例外。《健康中国行动（2019—2030）年》中有15项健康促进行动，心理健康促进是其中之一，该方案中提出了个人

① 习近平. 在中央和国家机关党的建设工作会议上的讲话. 旗帜，2019，11：5-8

和家庭应当做到九个方面的措施，对社会和政府也分别提出九个方面的措施，其中要求：

各机关、企事业单位、高校和其他用人单位把心理健康教育融入员工（学生）思想政治工作，鼓励依托本单位党团、工会、人力资源部门、卫生室等设立心理健康辅导室并建立心理健康服务团队，或通过购买服务形式，为员工（学生）提供健康宣传、心理评估、教育培训、咨询辅导等服务，传授情绪管理、压力管理等自我心理调适方法和抑郁、焦虑等常见心理行为问题的识别方法，为员工（学生）主动寻求心理健康服务创造条件。对处于特定时期、特定岗位，或经历特殊突发事件的员工（学生），及时进行心理疏导和援助。①

可以将上面的话总结为四个关键词，就是党政机关对职工的心理健康要“加强教育、搭建平台、购买服务、危机干预”。

1. 加强教育

心理健康促进，重在日常教育、预防和早期识别心理问题。

公职人员的教育培训是组织培养的重要内容。无论是在党政机关、人民团体、企事业单位、军队等组织中，无论是在教育主题、教育内容、教育方法、教育规范、教育队伍等方面，公职人员的教育培训往往已经形成体系。把心理健康教育纳入其中是可行的，难度在于心理健康教育的主题、内容、方法和体系设计。

公职人员有共性的心理需要，体现为中国人群普遍存在的心理需要。正如本书第一章中提到的，从需求层次理论去分析也好，从基础社会动机理论去分析也好，他们都有一些共性的心理规律和心理需要，与之相关的心理学研究成果也比较丰富，基于这些可以在较短的时间内组

① 健康中国行动（2019—2030）年. 中国政府网. http://www.gov.cn/xinwen/2019-07/15/content_5409694.htm[2020-12-18]

织好教师队伍、教材和教学活动。

真正有挑战性的是公职人员群体中细分的心理需要。不同领域、不同部门、不同岗位、不同职级的公职人员，中央、省、市、县、乡各级公职人员，经济发达地区和欠发达地区的公职人员，年长的和年轻的公职人员，细分的各类公职人员群体往往具有该类群体特有的心理需要，然而具体到某一类群体的针对性研究成果往往还不够丰富。党政机关，特别是公职人员教育培训机构，应当重视心理教育课程的开发，在研究成果的基础上积累形成更系统、更有针对性的教育体系。

2. 搭建平台

搭建平台是指根据公职人员的心理需求，结合机关实际，搭建可以为公职人员提供优质心理服务的平台。

2008 年，中央国家机关工会联合会、中国科学院工会和中国科学院心理研究所联合组建了“中央国家机关职工心理健康咨询中心”，为中央国家机关各部委的职工及家属开展心理健康促进和咨询辅导服务，打造了独具特色的“一线两网三级四体系”服务模式。“一线”指一条 7×24 小时心理咨询免费热线；“两网”指由督导专家团队、咨询师团队、心理指导员和心理志愿者组成的“人网”，以及由中央国家机关职工心理健康网络服务平台和微信服务平台组成的“互联网”；“三级”指咨询中心服务的三类人群：对正常人群服务的目标是提高心理素质、维护心理健康以及预防心理疾患，对心理问题人群服务的目标是消除心理困扰、提供心理自助以及促进心理健康，对精神障碍人群服务的目标是及时发现问题、及时转介治疗以及预防危机事件；“四体系”包括咨询服务、科普服务、心理测评、讲座培训。这个模式日趋成熟完备，为职工和家属提供了高质量的心理健康服务，已卓有成效。这个模式可供有条件的党政机关、企事业单位借鉴。

3. 购买服务

如果没有条件搭建心理服务平台，向社会购买第三方服务也是党政机关和企事业单位可以采取的措施。国际上有一种已经成熟的做法，叫员工援助计划（Employee Assistance Program，EAP），也有人将其翻译为员工帮助计划、员工支持计划等。EAP 是指一个组织为成员提供的系统、长期的心理帮助，是一种福利。EAP 在美国等发达国家很流行，也有很多研究关注 EAP 的成本收益分析，发现其有很高的投资回报率。EAP 最核心的内容是专业人员通过对组织的诊断和建议，帮助组织形成一套系统的福利，维护组织成员的心理健康，提升工作绩效和改善组织管理。

对于党政机关来说，可以通过多种方式获得 EAP 服务。其一是外部服务模式，即聘请专门的 EAP 服务提供机构，通过签署协议，长期、持续地为员工提供帮助，这种模式的优点是工作很专业，也能够保密，容易得到职工的信任。其二是内部服务模式，就是在机关里设置一个专门的部门，由机关里具有一定专业资质的人提供服务。这种内部服务机构可以设置在工会或人事部门。这种模式有利有弊，优点是 EAP 服务机构对机关公职人员的情况比较了解，能够有针对性地提供服务；缺点是公职人员可能会关注自己的隐私，担心单位不能保护好自己的隐私。而且，内部服务模式需要较多的预算，对空间、人员编制等也有要求，因此比较适用于大型组织。除此之外还有一种模式，即组合模式，由内部模式和外部模式联合组成，能够充分发挥两种模式的联合优势。

4. 危机干预

危机干预，主要是指在突发事件发生时，立即开展有序、高效的个体危机干预和群体危机管理，重视自杀预防。在事件善后和恢复重建过程中，依托心理援助专业机构、社会工作服务机构、志愿服务组织和心理援助热线，对高危人群持续开展心理援助服务。

《健康中国行动（2019—2030）年》中要求：对处于特定时期、特定岗位，或经历特殊突发事件的员工，及时进行心理疏导和援助。这个要求涉及心理危机干预和心理援助。

心理危机干预是对经历心理创伤的个体进行简短、高效的帮助，使其快速度过心理危机，恢复生理、心理和社会功能水平。心理危机干预主要发生在突发事件后 14 天内，干预内容包括对受创伤人群（特别是受伤、丧亲等高危人群）的评估、诊断和急性干预。

心理援助是指通过心理学、社会工作等专业方法，对突发事件相关人员提供长期心理服务的过程。心理援助的工作内容包括心身状况评估、个体咨询、团体辅导、专业培训、科普讲座、科普展览、政策建议和技术研发等。在我国，系统的灾害和突发事件后的心理援助工作开始于 2008 年的 512 汶川大地震，经过十多年的发展，也积累了比较丰富的经验。

心理危机干预和心理援助都是专业性较强的工作，需要心理咨询与治疗的理论、心理援助技术、危机干预技术等专业知识和技能。没有足够的专业水平准备，不仅不能帮助当事人摆脱痛苦，而且还可能会给他们带来二次创伤。因此，党政机关建设危机干预机制，在有需要时能够迅速得到专业机构、专业人员的支持，这一点也是党政机关心理服务平台的重要工作内容。

第五章

心安则国安：营造友善社会氛围

人的心理不仅受到遗传因素的影响，也受到家庭环境、工作环境的影响，同时还会受到更广泛的自然环境和社会环境的影响。维护心理健康、加强心理建设，需要从生态系统论的整体观去认识和行动。邻里关系、社区环境、人际信任、网络行为、社会安全、绿水青山，我们正在塑造着这些软环境和硬环境，我们也正在被这些环境塑造。心理建设正在融入经济、社会、文化、政治和生态环境建设的每一个环节。心治则国治，心安则国安。

人与社会互相塑造

人类进化成现在的样子，走过了很漫长的时间。如果从非洲大草原上出现南方古猿算起，走过了好几百万年的时间；如果从哺乳动物出现算起，走过了 2 亿多年；如果从地球生命算起，走过了 37 亿年。

在不断适应环境的过程中，人类大脑进化成为世界上最复杂的有机体，同时也进化出充满奥秘的心理机制。我们为什么会进化成现在这样？是遗传决定的还是环境决定的？世界上没有完全相同的两个人，可是人和人之间又有很多相似之处，这些个性和共性是遗传影响的结果，还是环境影响的结果？

心理学家期望揭示这些奥秘，也正在朝这个方向努力。虽然现在对这些问题的回答还没有确切的答案，但是可以肯定的是，人类的心理和行为是进化的产物，也是文化和社会环境塑造的产物。不能片面地认为人的行为是由遗传决定、无法改变的；也不能片面地认为“人定胜天”、人可以突破遗传或生理极限。人为改变先天的东西很难，但人有主观能动性，可以改变环境。如果我们希望自己及人类得到更好的发展，我们应当塑造一个更好的生存环境。

1. 遗传的影响

初生婴儿的微笑是世界上最美好的笑脸。那么，微笑是进化而来的吗？

达尔文被认为是第一位进化心理学家。他提出自然选择理论，认为生命的形成是遗传、变异和选择的结果。他也是最早用科学方法研究人类表情的科学家。他认为人类的笑是从非人灵长类动物的“游戏面孔”进化而来的。游戏面孔是非人灵长类动物的一种常见表情：张大嘴巴、呼吸不连贯、发出“哈哈”的声音。这种表情是非人灵长类动物之间进行社会游戏时常用到的，逐渐进化为人类的表情。这种表情不仅用来游戏，而且有社会适应意义。笑脸能够促进生存概率、增强性吸引力、减少或有效控制攻击行为、促进身心健康。

当孩子开始蹒跚学步、牙牙学语时，家长们开始关注孩子的智商。有的看着孩子天天那么开心，担心孩子会不会在傻乐；有的看着孩子抱着手机无师自通地玩，诧异会不会是神童。有的培训机构宣称可以在短时间内提高孩子的智商，有的宣称孩子的智商主要遗传自妈妈，因此推出给妈妈的培训课程。那么，智商是遗传决定的吗?

智商是对智力水平进行测试得到的数值。智力量表的编制成本和专业性要求很高，智商测验需要经过专业培训才能操作。1994 年，52 位从事智力研究的心理学家联合发表声明，对智力的定义、测量、个体差异、群体差异、种族差异等问题进行说明。他们认为智力是一种心理能力，包括计划、推理、问题解决、抽象思维、理解复杂思想、快速学习、从经验中学习等能力。而且，智力主要取决于先天的、相对稳定的特质。对于这些特质是否遗传自父母，现在还没有肯定的回答。在多子女的家庭，同一对父母的孩子智商差异可能很大。而且，智力能不能在现实中发挥作用、表现出创造力，会受到内在和外在复杂因素的影响。先天智力优越的孩子如果没有接受恰当的教育，通常很难成才。先天智力条件平平的孩子，如果接受了好的教育，可以表现得更好一些，但与同样条件下的智力超常的孩子比还是有差距。每位父母都希望自己的孩子很聪明、很出色，尽己所能给孩子提供更好的教育，这种想法无可厚非，但具体做法要科学合理。应当既尊重孩子的先天条件，也重视后天的教育方法。特别是课外教育，应当选择适合孩子、孩子也喜欢的内容。有一个小孩，通过钢琴九级考试后的第一句话是："这辈子我再也不碰一下钢琴了。"可见，强制教育对孩子很可能造成伤害。

每个人都很关注自己"遗传到了什么"或"可以把什么遗传下去"。这是个很复杂的问题。人的遗传基因很复杂，孕育过程中可能受到的先天因素影响也很多。科学界投入了很多人力物力，得到的确定结果却很少。人类基因组计划耗资巨大，有多国科学家参与研究，每到有新的科学发现和技术突破时，往往也会同时发现更多未知的领域。在遗传信息的密码被真正破解之前，我们应当尊重先天条件、重视后天努力，理性乐观地成长。

2. 环境的影响

基因相对稳定，但并不是固定不变的。基因的表现形式取决于环境。人类的语言、行为习惯等具有很大的差异性，这些多样性表明我们大多数的行为是受社会影响的。有些行为受自身影响，有些受周围人影响，有些受社会文化影响，还有一些受物理环境影响。

以人们手上的茧子为例。进化心理学认为，人在进化过程中形成了"心理适应器"，这种机制影响和调节我们的行为。人要生存，要劳作，手或身体其他位置的皮肤就会被反复摩擦，慢慢就形成了"手茧生成机制"这样的适应器，生成手茧，保护皮肤。不同人种都会有这样的适应机制。随着科技的发展，人类改变了环境，发明了手套，通过使用一些便利的装置来减少对皮肤的直接反复摩擦，环境改变了，手茧就不会产生了。这就是人对环境的能动性和环境改变对人的影响。

从众行为也是大家比较熟悉的一种心理现象。社会心理学家所罗门·阿希（Solomon Asch）设计过一个经典的从众实验。他的实验是由 5 人一组进行，给实验对象看两张卡片（下页图），一张卡片上是标准

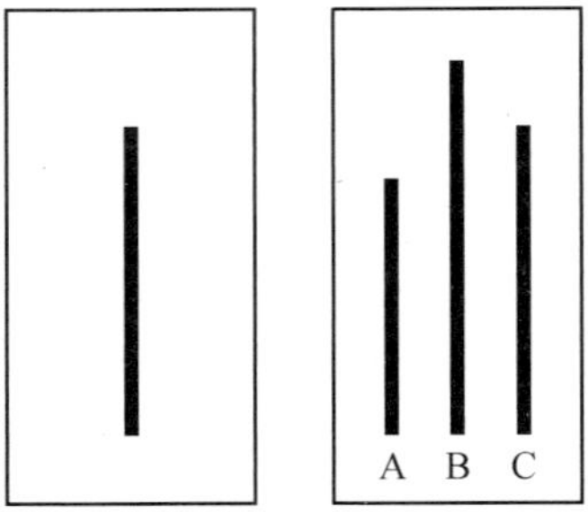

标准线段　　比较线段

线段，另一张卡片上有三条比较线段，让参加实验的人说出三条线段中哪一条与标准线段相同。这个实验设计的有趣之处在于，参与实验的 5 个人中，只有最后回答的那个人是蒙在鼓里不知情的，前面 4 个人是实验人员安排的，让这 4 个人先回答，并且都说，线段 A 与标准线段一样长。到第 5 个人回答时，他已经被严重困扰了。用很多组人做了很多次实验后，有 75%的人至少被误导了一次，这些人在明知道正确答案是 C 的情况下，还是错误地选择了 A，表现出从众行为。不同国家的科研人员做过类似的研究，结果都发现了类似现象。

人们表现出从众行为的原因并不复杂，一是为了做正确的事，二是为了被喜欢。在明知道正确答案的情况下会有从众行为，在不知道正确答案的情况下更可能出现从众行为。2011 年日本福岛核电站核泄漏事故发生后，欧美、韩国和我国一些地区的老百姓出现盲目抢购碘盐的行为，大部分人是出于安全恐惧，做出了从众行为。每年高考结束后填志愿，有的家长和学生会认真分析学校分数线和自己的成绩，做出比较有把握的决定，也有很多家长和学生很纠结，不知道如何填报，于是就“认识的人报什么，自己也报什么”。

社会文化在影响我们的行为。社会文化会通过一种叫“社会规范”的作用影响我们的行为。社会规范很微妙，可能没有以法律或制度的形式出现，但对人们的影响很大。人们自然而然、自觉不自觉地接受着社会规范的影响，知道哪些行为是可以被接受的，哪些行为是不被接受的。尊重长者、信任朋友，这些好的社会规范普遍存在；背叛是可耻的、乱伦是错误的，这些社会规范在不同国家、不同文明、不同文化，甚至不同亚文化中普遍存在。

我们所处的自然环境对行为的影响也很大。环境心理学家关注自然和人工环境对人的心理行为的影响和决定作用。环境心理学家研究噪音、拥挤、人群密度、高温、低温、气压、海拔的影响，研究自然灾害、科技灾难、有毒物质、空气污染的影响，研究个人空间、领地行为、居住环境、公共环境、工作环境、学习环境、休闲度假环境的影响，研究城市生活、郊区环境、乡村环境的影响等，而且这些研究越来越受到关注生活质量的人们的重视。

人类和社会是互相塑造的。我们在社会环境中受到基因、人群、文化和其他环境因素的影响，同时也在塑造着我们所处的自然环境和社会环境。人不可能独善其身。因此，如果希望保持较高的心理健康水平，希望成为一个有较高心理素养的人，就应该关注环境，积极地塑造更有利于我们成长的环境、更有利于人类发展的环境。

多元文化共存的社会

近几十年，随着科技的发展和全球化进程的加速，人类社会文化变迁的速度也在加快，而文化对国家、社会和个人具有深刻而长远的影响。文化心理学的研究发现，人类社会文化变迁有一个基本趋势，体现为个人主义文化日益盛行、集体主义文化日渐式微。这是在人类社会大背景下对一般趋势的描述，并不是说个人主义增强、集体主义式微是必然的。

文化变迁很复杂，受国情、经济发展、社会现实等多重因素影响。心理变化也很复杂，文化只是影响心理变化的因素之一。在中国，文化的变迁还有一些典型特点。首先，集体主义文化价值观仍然是社会主流价值观，仍然在延续，并影响社会生活的方方面面。同时，多元文化共存也正在成为现实。

1. 文化的复杂性

文化是多层次的，有宏观层面的文化，如国家文化、民族文化、人种文化；有亚文化，指一定区域、一定群体所持有的共同的观念、价值、行为规范、生活方式等。此外，不同的组织可能有不同的组织文化，同一个组织中又可能有不同的部门文化。总之，文化是一个多层次的复杂构成。

文化心理学家吉尔特·霍夫斯泰德（Geert Hofstede）对国家文化和跨文化比较做了大量研究。他提出的文化价值的四个维度很有影响，引发了大量的后续研究。他认为可以从四个维度去描述一个国家的文化，以及从四个维度的强弱来进行跨文化比较。这四个维度分别是个人主义和集体主义、权力距离、不确定性规避、刚性和柔性。

个人主义和集体主义不是两个极端，而是一个连续体上程度的不同。个人主义文化往往强调人的独特性和独立性，人际关系比较松散，人们倾向关注自身、关注自己的小家庭。集体主义文化强调人的互依性和社会性，强调个人与所在群体的关系，也强调对所在群体的义务和忠诚。

权力距离指社会对权力的理解和对权力分配的认可度、接受度。霍夫斯泰德认为不同国家对权力的理解不同，赋予的意义也不同。他的研究发现欧美国家不是很看重权力，对权力的理解更注重个人能力。亚洲国家和阿拉伯国家由于体制的关系，更注重权力的约束力。

不确定性规避指一个社会感受到的不确定性和模糊情景的威胁程度，或者说当社会遭遇不确定事件或突发事件时，进行有效控制或规避的程度。规避程度高的文化，通常比较重视规则、权威、地位、资历等，并且通常会更重视职业安全；规避程度低的文化，通常对反常行为和不同意见比较宽容，对不确定性的宽容度高，规章制度较少。

刚性和柔性指社会文化中的竞争性、独断性更强，还是谦虚、关爱更强。刚性文化下，社会竞争意识更强烈，更强调公平、竞争、效率；柔性文化下，人们更注重生活和内心，更强调平等、团结。

不同文化以及文化的不同层面、不同维度并没有截然的好坏之分，我们也无法简单地选择或抛弃。文化是在与国情相结合的过程中缓慢积淀而成的。我们了解文化、了解国家文化，目的是传承传统文化精华、抛弃传统文化糟粕、吸收外来文化精华，塑造更有利于社会发展和人民幸福的先进文化。

2. 个人主义与集体主义文化的影响

个人主义和集体主义涉及社会的主流价值规范。文化心理学对这两种文化及核心特点做了大量研究。个人主义价值观体现在很多方面，如自由选择、公平竞争、性别平等、宽松的社会规范等。集体主义价值观也体现在很多方面，如谦虚、服从权威、自我控制、同情、乐于助人等。可以看到，两种文化中都有对社会发展有利的因素。在现实生活中，这两种文化也往往并存，只是在不同国家、不同核心文化下两种文化所占比重不同。

在个体层面，虽然适度的个人主义文化有利于个体创造性的发挥，但在国家层面，个人主义持续上升甚至发展到极端个人主义，会给国家和社会带来很大危害。有研究发现，极端个人主义的蔓延可能会导致世界观、人生观、价值观的扭曲，导致物质主义和享乐主义盛行。在个人层面，极端个人主义会影响人际关系、导致幸福感降低。

随着现代化和全球化进程的加速，多元文化共存将成为国家和社会文化的主要形式。我们已经感受到了从未接触过的一些文化的影响，未来还会有新的文化产生，我们还会不断感受到新文化的影响，甚至是冲击。对国家是这样，对一个组织、一个人也是这样。我们越发需要有清醒的认识，既不能盲目排斥，更不能被迷惑或误导。

3. 让正确的价值观体现到具体行为中

对于个人和集体的关系，我们一直接受集体主义价值观的教育，我们成长在中国社会和文化背景下，通常都懂得个人服从集体、个人利益服从集体利益，能够认识到这对国家有好处、对我们每一个人也有好处。但是，认识和行为往往并不完全匹配。

有一项研究询问人们保护社区环境是不是人人有责。人们的回答很一致，都认为人人有责。进一步询问，有一项具体的工作，与社区环境保护有关，不需要占用很多时间和精力，被调查者是否愿意参与这项工作。回答发生了变化，愿意参与的人数明显减少。

在工作场所这样的情况也不鲜见。当询问全面从严治党是否重要、询问党建工作规范化是否重要时，回答也很一致，都认为很重要。当安排具体工作时，有些党员的行为发生了改变，尤其是从事业务工作的党员，有意无意地把自己的业务工作放在了党务工作之前。如果个人行为不支持集体行为，又怎么能真正实现集体的目标呢?

从研究角度去分析文化、价值、价值观，这几个词的内涵和社会功能有区别。如果具体到一个人，文化、价值和价值观的影响作用主要体现在认知和行为上。心理学中有一个概念叫认知失调。如果一个人的认知和行为发生不一致，往往会产生不愉快、不舒适甚至是痛苦的感受。要消除这种不良感受，只能从改变认知或改变行为去实现。我们从祖国的发展和强大中日益感受到了文化自信，这种文化自信首先体现在文化认同上，同时也体现在行为一致上。认同文化、践行文化、推动文化发展，这是我们每一个人、每一位公职人员都应当有的认识和行动。

| 社会交往中的认知偏差 |

“理解万岁”是人们常说的一句话，这句话隐含的意思是理解别人不容易。有的公职人员人生阅历深厚，工作经验丰富，识人能力强，在工作和生活中能够敏感把握同事、家人、朋友的想法，理解别人的情绪，妥善处理好人际关系。还有很多公职人员在人际关系处理中存在困惑，希望学习“人际关系处理能力”相关的知识和技能。学习心理学，了解人和人之间客观存在的差异，人在认知、情绪、行为方面的各种特点，人在认识别人时可能存在的各种认知偏差，能够帮助我们更全面、更理性地对待别人。

社会心理学研究发现，影响人际关系的一类重要因素是社会认知偏差，指人们在人际交往中或对他人进行判断时经常出现的一些偏差。本节介绍五种最常见的社会认知偏差，我们需要特别注意这些常见的社会认知偏差，尽量避免受偏差的影响，做出错误的判断。

1. 首因效应

双方形成的第一印象对今后的交往关系有重要影响，这就是首因效应。

在人类的社会认知中，最先出现的信息似乎最具有说服力。有一项研究给大学生看两组句子，都是用来描述“李明”这个人的，但描述的词出现的顺序不一样。第一组句子是：“李明聪明、勤奋、做事冲动、爱挑剔、顽固，而且嫉妒心很强。”第二组句子是：“李明嫉妒心很强、顽固、爱挑剔、做事冲动、勤奋，而且很聪明。”结果发现，看第一组句子的人对李明的评价更高，看第二组句子的人对李明的评价更差。这两组句子中，用于描述李明的词并没有改变，改变的仅仅是先说什么、后说什么，而这个改变已经影响到对一个人的评价。这就是首因效应的影响。

我们在与人交往时，不可避免会产生第一印象。但是，人很复杂，即便我们阅人无数，也不可能在很短的时间内就很了解一个人。同时，一个人也不太可能在陌生人面前展示太多信息。我们所产生的第一印象，通常来自关于一个人的极少量的信息。这个人可能有 20 个重要特点，由于接触时间短，他只表现出 5 个特点。即便我们敏感地捕捉到了所有这 5 个特点，也只是捕捉到了四分之一，如果据此就做出判断，很难做到认识全面、判断准确。如果没有充分了解一个人，又怎么可能做到理解他呢？

首因效应一旦形成，会在比较长的时间内影响我们对别人的认识。因此，我们应该尽量避免首因效应的影响。当然，我们不需要花时间全面认识每一个人，有很多人只是我们生命中的过客，与我们擦肩而过，互相留下一个微笑或礼貌地点头就好。如果是对同事、下属、客户或工作对象等需要长期相处的人，则应当尽可能去全面认识，避免首因效应导致认识偏差。公职人员还应该善于运用首因效应，在与他人第一次见面时、为职工办第一件事情时，争取给人留下良好的第一印象，以有助于以后开展工作。

2. 近因效应

对他人最近、最新的认识掩盖了以往形成的评价，这就是近因效应。与首因效应相反，近因效应指的是最近获得的信息和形成的记忆可能会影响我们的判断。通常，最近发生的事情记忆更鲜活，比回忆的事情印象更深。

有一项研究中，研究者给大学生看一份民事诉讼文件，把原告的证词和观点放在一组、被告的证词和观点放在另一组。一个星期后，让读过文件的学生表明他们的立场，结果发现读原告文件的更支持原告、读被告文件的更支持被告。这个现象体现的是首因效应。一个星期后，再把两组学生找回来，让原来读原告文件的那一组读被告文件，让原来读被告文件的那一组读原告文件，再让他们表明自己的态度，神奇的翻转出现了，近因效应发挥作用了，刚才读的是哪一方的文件，学生就更支持哪一方。

工作中也经常会有受近因效应影响的情况。例如，一名职工一直以来都按时上下班，但是最近突然经常迟到早退。这个职工的性格比较沉默寡言，没有主动跟领导和同事说明原因，于是就给别人留下这样的印象：这个人变了，看样子是不想好好干了。实际上，他可能是最近家里有突发事情，导致他不得不迟到早退。由于受近因效应影响，而对他人的工作行为做出错误判断，这种情况应该尽量避免。俗话说“路遥知马力、日久见人心”，判断一个人到底怎么样，还是应该看他的长期表现。如果一位职工大部分的工作时间都是按时上下班，最近出现了问题，领导干部应当主动了解情况、询问原因、给予关心。同事之间也不应该武断猜测、乱扣帽子，应该关心同事、弄清原因。

公职人员在工作中也可以很好地运用近因效应。例如，安排工作或做报告时，可以在接近结束时着重强调重要内容，这样能够达到更好的效果。

3. 晕轮效应

以点概面或以偏概全的主观印象，就是晕轮效应。

与首因效应不一样，晕轮效应往往是与一个人交往了一段时间以后，了解到这个人某一方面特别突出的品质，然后以点概面地进行推测，由此产生的认知偏差。如果这个方面的品质是好的，这个人就会被好的光环笼罩；如果这个方面的品质是坏的，这个人就会被坏的阴影笼罩。总之，晕轮效应是根据个别特征对全部特征下结论，是非常片面的认知。公职人员在人际交往中应尽量避免晕轮效应的影响，尽可能多地了解信息，征求别人的意见。只要信息足够全面，就可以最大限度地避免受到晕轮效应的影响。

4. 归因偏差

归因是指人们对于自己或他人行为背后的原因的推断，就是通常所说的“找原因”。如果原因找对了，就不存在归因偏差，如果原因找错了，那就是归因偏差。生活中我们说一个人在“找理由”，往往是指理由很牵强，甚至是错误的。归因偏差与之类似，但略有差异。找理由的人往往知道自己是在强词夺理，而归因偏差的发生常常是不知不觉的，是由人们认知方面的一些客观规律而导致的。

社会心理学研究发现，人们在对一件事情进行归因时，往往倾向把自己归结为正确的；如果是在对一个问题进行归因，往往倾向归因为别人的错误。当一个人取得成功时，往往会认为自己能力强，是自己努力的结果；失败时往往会认为是受环境影响或运气不好。与此相反，在对别人的成功进行归因时，往往会认为是受环境影响，即所谓“时势造英雄”；在对别人的失败进行归因时，往往会认为是其个人的因素，即认为别人能力差或不努力。

毫无疑问，正确归因很重要，归因偏差会影响对问题本质的认识。无论我们的行为是正确的还是错误的，结果是成功的还是失败的，我们都应该找准原因。错误归因无助于问题的解决，而且很可能导致继续犯错误。比如，发现孩子的学习成绩有所下降，归因为孩子不努力，而实际原因是孩子的视力下降了，看不清黑板上的字，又不敢跟家长说。如果进行错误归因，家长会批评孩子，孩子会承担本不该承担的压力，甚至会导致亲子关系出问题。如果进行正确归因，为孩子佩戴眼镜或与老师沟通调整座位，孩子的视力不再影响学习，很可能学习成绩就回升了。

在实际工作和生活中，很多问题的原因并不像近视与学习成绩下降的关系这么简单和直接。但不管情况有多复杂，我们都应当重视正确归因，避免归因偏差。

5. 社会刻板印象

刻板印象指人们基于“他人归属类别”而推断他人的特征。也就是说，如果把某个人归为某一类人，我们就会利用自己已经有的关于这一类人的知识来推测这个人的特征。社会刻板印象比比皆是，社会上流传的很多带有调侃甚至歧视性质的顺口溜，就体现着社会刻板印象。有些是地域刻板印象，有些是职业刻板印象，有些则是年龄刻板印象。

心理学家做过研究，很直接地体现了刻板印象的影响。如果告诉人们，“有人觉得那个政治家的话不正确”，人们就会推断那个政治家在骗人。如果把政治家换成物理学家，人们就会推断是那个物理学家的实验有失误。人们已经在无形中对政治家和物理学家的社会形象形成了刻板印象，如果不经认真思考或对待，很可能就会误判。还有一个例子，告诉人们有两个人正在争吵，如果说这两个人是工人，人们就会认为是发生了斗殴；如果说两个人是法律顾问，人们就会认为只是在争论或发生了口角。这就体现了刻板印象对态度的影响。

刻板印象并非全是坏处。从认知的角度来讲，刻板印象有好处，可以帮助我们迅速地判断一个人的基本特征，特别是当时间或条件不允许我们详细了解一个人时，把这个人所属的那一类典型人群的特点拎出来，假设这个人也有这样的特点，这种猜测的正确率比随便猜的正确率要高一些。但是，刻板印象往往也会带来负面影响。人的大脑很聪明，也可以说很懒，总是会选择最省力的加工方式。稍不注意，我们就会放任自己的刻板印象发挥作用，而不会花时间去认真认识具体的人。

研究社会认知偏差，目的是让更多人知道我们在认识自己、认识他人时存在一些规律性的偏差，提醒人们应当理性、正确地对待他人。对公职人员也是这样，在认识社会、认识他人和自己时，在具体工作中，应当让自己对人对事的看法和态度更接近事实，以做出正确的决策。

| 友好互助是文明的法则 |

大自然是人类共同的家园。祖国和家乡更是每个人心之所系、心之归属。可是，在描述我们赖以生存的大自然时，在描述我们生活着的祖国和社会时，往往会有这样一些词——残酷竞争、弱肉强食、优胜劣汰等。生存有压力，生活有压力。即使我们正在创造着越来越丰富的物质资源，但是竞争的压力仍然无处不在。

我们面对的资源是有限的，不努力就可能得不到，就可能会失去。这是生活的一部分，但不是全部。在一些人认为“人不为己、天诛地灭”时，更多的人却在遵循着另外一条生存法则，而且这条法则经过漫长的进化，已经成为人类社会发展和文明延续的一条重要法则，那就是——“助人为乐”，心理学研究称之为“利他行为”，即“有利于他人的行为”。

助人为乐的社会行为无处不在。帮别人指路、公交车上让座、遇到交通事故时帮助拨打电话、捐资助学、为急需医药费的陌生人捐款、帮走失的老人或小孩找家人，甚至有人因为帮助别人而献出了自己的生命。如果生存环境的竞争很残酷，那么人类本应该尽可能自私地保护自己、掠夺资源，为什么会有这么多不计私利、无私助人的行为呢？心理学家关注这个主题，有一部分原因是对这样一个看似矛盾的问题很感兴趣。而且，更重要的是，利他行为对社会和谐发展有重要意义，社会成员之间的互相帮助有助于增强社会功能、维系族群延续，使族群在危机中获得更大的存活概率，而且更有可能实现人类社会的振兴发展。

1. 助人为乐是一种社会规范

前文列举了不少生活中帮助他人的例子。我们可能有这样的感受，绝大多数时候，我们是不知不觉、很本能地做出了帮助别人的行为，而不是在有意识地认真思考过之后，才决定去帮助别人。这些利他行为，是我们在成长过程中自然而然学会的，这是因为这些事情属于“社会规范”，是一个社会或一个群体中的成员默认应当遵守的。心理学研究认为，利他行为的社会规范主要有两个：一个是互惠规范，另一个是社会责任规范。

互惠规范是我们在社会生活中的一种体验，也是一种生活经验。我们有一个基本的生活假设：只有帮助了别人，自己将来有需要时别人才会帮助我们。当别人帮助我们时，我们也会很自然地想着应当给予回报。这种互惠规范可以发生在熟人之间，也可以发生在陌生人之间，就像“老吾老，以及人之老；幼吾幼，以及人之幼”所言。这种互惠规范不是马上就发生交换关系，而是从社会生活、社会秩序、社会文化层面形成的一种互惠关系。

社会责任规范是指我们帮助那些需要帮助的人时，不会考虑以后会不会得到回报，而是认为这是自己的责任。例如，上楼梯时看到一位拎着重物的老人，我们往往会出手相助，帮老人把东西拎上楼。如果看到坐轮椅的残疾人在上坡路上吃力地滚动轮胎，我们往往会过去帮他推一把。这就是社会责任规范——我们有责任、有义务帮助那些真正需要帮助的人，而且这个帮助是我们力所能及的。同样，社会责任规范也会惩罚那些懒惰、不道德、从来不付出的人。这些人需要帮助的时候往往得不到同情和认同，不被认为是“真正需要帮助”的。

2. 助人为乐有利于身心健康

帮助别人是为了回报吗？

有的研究者认为帮助别人是为了获得回报。这种回报既包括内部回报，也包括外部回报。例如，有时候我们去帮助别人的原因很简单，就是因为喜欢被帮助的人，帮助的过程中有愉悦的感受；有时候我们去帮助别人，是因为有能力提供帮助，帮助别人会提升自我价值感。这些属于内部回报。现在越来越多的企业开始重视慈善事业，愿意为有需要的人捐款。而有些企业家捐款，是因为计算了捐款和做广告的成本，发现捐款比做广告产生的经济效应更高，所以愿意捐款，期望以此提升企业形象、获得更多收益。这些属于外部回报。

也有研究者认为帮助别人是为了降低内疚感，这也是内部回报的一种。社会心理学家做了精巧的实验设计，在实验伦理允许的前提下，设法引出人们的违规行为，然后给他们提供一个缓解内疚感的机会。结果发现，人们为了尽其所能地消除内疚感，会做出帮助别人的行为，来减少自己的不良感觉，恢复自我形象。

还有研究发现，有些为了帮助别人而献出生命的人是真正纯粹的利他主义，不图回报。真正的利他主义，主要原因在于“共情”。我们在对受害者或需要帮助的人产生共情时，就不会过多关心自己，而会因为感受到了对方的痛苦或迫切需要帮助的心情，受“共情”的驱动而迅速做出反应。人类拥有着同情和关心他人这样一种“共情”情感，促使我们做出了真正的利他行为。

也许我们帮助别人是有所图的，也许纯粹就是因为共情而帮助别人。无论哪种动机，帮助他人的行为通常会给我们带来愉悦的感受，有益于身心健康。社会是复杂的，有些特殊情况，诸如“老人倒了扶不扶”，会让一些人感到犹豫和担忧。但是，在现实生活中，当面前真的有一位需要帮助的人时，绝大多数人还是会本能地提供帮助，绝大多数被帮助的人也会对助人为乐的人感激感恩。

谢晓非等研究者分析了助人为乐的影响，发现帮助别人的人能够从中感受到更高的自我效能感、更强的幸福感，有助于促进人际关系，有利于身心健康。助人者通过帮助别人的行为来进行自激励，提升了自己的整体效能，也使得这种利他行为更具有可行性和可持续性。

3. 如何求助更有效

助人为乐的利他行为对社会发展有重要意义，对个人身心健康也有好处。但是，现实生活中仍然存在这样的情况：当需要帮助时，身边人来人往却无人出手相助。这种情况下，不要轻易对社会、对他人失去信心，也不能轻易认为社会冷漠、人性自私。也许有些人的确是出于自私而不愿帮助别人，但更多的人可能是没有意识到有人需要帮助，或者不知道应该如何提供帮助，也有一些人是不敢提供帮助。

1964 年，有一起发生在纽约市的惨案，引起了社会的广泛关注。有一个下了夜班后回家的女孩被杀，凶手伤害女孩的行为持续了 35 分钟，先后有 38 名目击者看到了这个事件，但没有一个人报警，没有一个人做出制止或其他有效的反应，也就是说 38 位目击者没有一人提供帮助。这件事情经报道后引起了关注和不同角度的讨论，有的认为这是“都市冷漠”造成的，有的认为是治安不力，有的认为是法律有缺陷等。

心理学家对此提出了别的看法。比伯·拉坦内（Bibb Latané）和约翰·达利（John Darley）做了一系列研究，发现了一种社会心理现象——责任分散效应，并据此提出了助人行为的五阶段理论。

责任分散效应是指，在一个需要帮助的现场，能提供帮助的人越多，人们越倾向认为自己的责任小，最后的结果就是旁观者越多、助人者越少。这是一种社会认知规律，因此没必要为此谴责哪个人。发现这个规律后，心理学家也提出了一些具体建议，在旁观者众多的需要帮助的场合，你不要茫然地四处喊“帮帮我”，而是可以从旁观者中初步判断一下最可能提供帮助的人，然后直接向具体的人寻求帮助，这样获得帮助的概率更高。

助人行为的五阶段理论是指一个人在做出助人行为前，通常会经历五个认知阶段：一是是否注意到有人求助；二是对这件事情的解释，是不是紧急事件、是不是有人的确需要帮助；三是做出决定，要不要帮助、自己有没有责任提供帮助；四是选择帮助的形式，是自己直接相助，还是寻求更专业的人士来相助；五是实施行动。这五个阶段发生的时间或过程有长有短，因人因事而异。

如果仔细研究人类的社会行为，会发现每个行为背后都有很复杂的生理机制、心理机制或环境影响。利他行为也是这样。但是，对利他行为，特别是上文提到的助人行为的研究，得出了一个有趣的结果。有一个研究很简单，给随机分配的两组人讲课。随机分配是心理学实验设计中很重要的一个前提，意思是参与实验的两组人没有差异，实验结果的差异主要是实验条件设计引发的。在这个研究中，实验条件就是讲课内容，给一组人讲前文介绍的这些助人理论，给另一组人讲与助人理论完全无关的内容。然后设置一个情境，这两组人都会看到这个情境，比较两组人表现出来的助人行为。结果很神奇，听过助人理论讲座的一组表现出更多的助人行为。因此，我们有理由期待，看过这部分内容的人会更愿意帮助别人。

心理学家也研究了职业群体的助人行为，想知道从事某个职业的人在工作中“助人为乐”有什么积极意义。对护理人员的研究验证了利他行为对身心健康的影响。积极情绪高的护理人员更容易在工作中表现出利他行为，进而更有利于提升积极情绪，形成了良性循环。公职人员，特别是直接面向群众开展工作、情绪消耗比较多的公职人员，也可以借鉴一下这个做法，在工作中力所能及地提供一些“助人为乐”的行为，可能对增强个人身心健康、提高工作成效和群众满意度都有好处。

偏见和歧视的危害

偏见是一种无处不在的社会现象，也是一种极具破坏力的社会现象。我们可能对性别偏见、种族偏见、地域偏见、不同宗教信仰的偏见等比较熟悉，提到这些情况时也能认同人们不应该有这种偏见。而在日常生活中还有很多偏见，例如对老人、穷人、胖人、传染病患者、同性恋者等的偏见。偏见背后往往跟随着歧视行为，而残酷的歧视行为很可能既伤害别人，也伤害自己。公职人员作为社会群体中的一员，往往也很难避免受偏见影响。而公职人员的工作性质又决定了服务对象是各种各样的人群，如果意识不到偏见和歧视行为的存在和影响，很可能在工作中不知不觉地犯错误。本节重点介绍偏见的产生原因和消除偏见的方法。

1. 偏见的心理机制

偏见与刻板印象有关，是一种负面态度，往往容易引发负面行为——歧视。

前文介绍过，刻板印象是人类的一种认知特点。虽然人类大脑很发达，但人的认知能力是有限的。我们感知外界信息的能力有限，虽然可以通过视觉、听觉、味觉、嗅觉、触觉等感觉通道全方位接触外界，但只有一部分与我们自身有关的、重要的信息能够进入大脑。我们的记忆能力有限，通常通过三个系统进行信息存储：感觉记忆系统，外界进入大脑的信息只能保留几秒，很快就被遗忘了；有些信息能够进入短时记忆系统，例如我们默念一个手机号码，从一个房间走到另一个房间后还记得，但是还是会很快遗忘，如果中途受到干扰，就很难再回忆起来；有些信息能够进入长时记忆系统，例如小时候发生的事情、将来准备要做的事情等。我们在进行认知加工时，首先需要把信息留在记忆系统中，而有限的记忆能力又把很多信息删除掉了。即便进入高级认知加工环节，信息加工还是会受到很多因素的影响，如内在的情绪、身体健康状况和外部环境条件等。人类每天都会从外界接收到很多信息，有大量信息受到重复加工。为了减少认知加工负荷，让自己消耗的能量少一点、加工效率高一点，大脑就学会了产生刻板印象。我们会对某个人、某件事、某个物体形成一种看法，逐渐积累后对某类人、某类事、某类物体形成一种概括和固定的看法，这就是刻板印象。如果是正确的刻板印象，就能够帮助我们很快做出判断；如果是错误的、极端的刻板印象，完全忽略了个体差异，就很可能导致偏见、引发歧视行为。

在人际交往中，有些刻板印象是好的，例如提到医生会想到干净整洁，提到法官会想到威严公正。但是，更多时候刻板印象是不好的，就像本节开始时举出的那些例子。总体来说，形成刻板印象的这种能力对我们既有好处又有坏处。好处是可以帮助我们快速做出判断，坏处是我们会把对一群人的刻板印象套用到一个人身上，而忽略这个人的个别特征。

2. 偏见产生的原因

偏见与社会不平等有关。换言之，不平等的社会地位滋生了偏见。人类社会在呼吁人人平等、追求人人平等，原因就在于实际现实是不平等的。任何社会都存在一定的社会阶层，不同的社会阶层在社会经济地位、文化、行为方式、价值观等方面存在差异。我们所呼吁的平等不是绝对平等。人和人之间由于生理机制、成长背景等决定了不可能完全平等。人类社会倡导和追求的是权益、尊严等社会平等。不平等是客观存在的，如果不重视偏见的影响，默认一些偏见是合理的，这种默认往往会使施加偏见者获得“不当利益”，把他们在经济和社会方面的特权合理化，甚至利用社会制度或法律来维护特权，进而阻碍追求社会平等。

偏见与错误归因有关。我们对某个人或某类人群的片面认知和错误归因导致了偏见。例如，对艾滋病患者，有的人认为他们都是道德有问题或生活作风不检点的人。实际上，虽然这些患者中的确有一部分人是因为道德和生活作风问题而感染疾病，但还有一部分人是由于输血、母婴传播等方式感染疾病，与道德和生活作风无关。有媒体报道过艾滋病患者拿针管扎人的事件，网友评论中屡屡出现“报复社会”一词。在这种信息的反复刺激下，人们很容易把“报复社会”作为艾滋病患者群体的共同特征，而忽视个体间的差异，进而产生偏见。换个角度想，如果是一个普通人犯罪，我们可能认为是这一个人有问题，而不会认为是人类有问题。那么为什么当艾滋病患者犯罪时，就要认为是这类人的问题呢？这是不合理的。

偏见也与社会学习有关。有一个经典的例子。有一天，幼儿园老师对孩子们说：绿眼睛的孩子比蓝眼睛的孩子更聪明。这句话的影响力很大，绿眼睛的孩子表现得更自信、更开心，蓝眼睛的孩子开始自卑、开始伤心。而且，有些绿眼睛的孩子开始欺负蓝眼睛的孩子。过了几天，老师说他记错了，应该是蓝眼睛的孩子比绿眼睛的孩子更聪明。这下情况发生了翻转，蓝眼睛的孩子变得自信、开心，而且开始报复曾经欺负过他们的绿眼睛孩子。又过了几天，老师揭晓了谜底，其实蓝眼睛和绿眼睛的孩子并没有什么区别。过了很多年，这些孩子长大成人了，仍然记得幼儿园时学过的这一堂生动的课，知道了偏见是如何产生、会带来多么大的痛苦。很多社会心理学家认为，一些特定的偏见行为是习得的，也就是我们有意识或无意识地学到了。我们在童年期刚刚接触社会时，并不懂得偏见。但是，在成长历程中，小伙伴的表现、成年人的行为以及大众媒体的宣传，不知不觉影响了我们对某一类人的看法。

3. 共同努力消除偏见

了解偏见的心理规律和作用机制是为了消除偏见。但是，由于偏见产生的原因很复杂，因此，消除偏见不是一件容易的事，需要我们共同的努力。

首先，学习有关偏见的知识、了解偏见产生的原因，这本身就有助于减少偏见和歧视行为。歧视行为较偏见行为外显，更容易被感知，社会不断在通过制度和法律约束、制止歧视行为。而有些偏见是不知不觉中产生的，尤其是受刻板印象而形成的偏见，往往是在不知不觉中影响着人们的认知和行为。因此，学习有关偏见的心理学知识，认识偏见产生的原因和危害，有助于我们有意识地分析和反思自己是否有这样的认知和行为。

其次，政府应当有针对性地采取措施，减少或消除偏见及歧视行为。以精神障碍为例，政府可以多管齐下，通过媒体宣传来引导大家的正确认知，通过制度保障来为精神障碍人群提供求助求治的渠道。消除对精神障碍人群的偏见和歧视行为，及早进行干预和治疗，可以降低由此带来的医疗成本和社会经济负担，有效减轻问题人群和家属的精神压力。而且，还可以使政府的财政、医疗卫生、疾病预防和控制部门更好地掌握精神障碍在人群中的发生发展情况，更好地分配资源。从社会关爱的角度来说，对精神障碍人群和家属进行关爱和支持，也具有重要的政治和社会伦理意义，有利于构建稳定和谐的社会环境。

在人类社会的发展历史上，偏见曾经带来过很多伤害和痛苦。随着人类文明的不断发展和进步，不同国家、不同文化之间沟通交流的加深，以及社会多元文化的发展，我们逐渐认识到人与人之间本来就是不同的，不应该要求别人跟我们一样，而是要学会尊重和欣赏与我们不同的人。消除偏见、不抱成见，尊重不同种族、不同民族、不同文化的人，争取每一个人都享有平等的社会地位，这才是真正的人人平等。

| 信任是社会发展的润滑剂 |

人与人之间的信任是社会生活中的重要主题。每个人都希望别人能够信任自己，也希望自己身边有值得信任的人。在社会经济生活中，信任是一个重要的社会资本，有助于减少社会的复杂性，提高社会组织的运作效率，促进经济增长。公职人员，特别是在基层任职的公职人员往往会有这样的感受：在落实一些政策时，如果人民对政府信任，政策的落实和执行就会比较顺畅；如果人民对政府不信任，政策的实施效果就会大打折扣。

十八届三中全会提出了国家治理体系与治理能力现代化，在国家治理体系的建设进程中，社会各个层面的信任将会是一个重要影响因素，这一点应当引起公职人员的重视。信任的建立绝非易事，信任的摧毁却可以发生在一瞬间。中华传统文化历来重视信任，我们有很好的文化土壤。在现实生活中，社会信任正在经历一些变迁，特别是正在从人际信任向制度信任转变，正在从低信任社会向高信任社会转变。

1. 中国文化历来重视信任

信任与诚信密切相关。中国文化自古以来就很重视诚信。《论语·颜渊》中有“民无信不立”，《论语·为政》中提到“人而无信，不知其可也”。中国语言中还有一诺千金、一言既出驷马难追等提倡诚信的成语。商鞅立木建信的故事更是广为人知，让老百姓知道了商鞅言而有信，继而才有商鞅变法的成功和秦国的强盛。

信任很重要是什么因素在影响着我们对别人的信任呢？研究人员发现有三个关键因素：能力、善意和诚信。能力指一个人在某些领域所掌握的技能。在生活中，如果我们觉得一个人在某一方面有较高的能力，那么，涉及与这一方面的事情时，我们就更倾向信任对方。善意指我们觉得那个人会不会维护自己的利益、会不会伤害自己。换句话说，善意也可以表达为我们对对方的道德水平的判断。诚信也是对一个人的道德水平的判断，主要体现为认为某人能否做到公平正义、是否可靠、是否言行一致。

公职人员要想得到人民的信任，应当特别关注能力、善意、诚信这三点，提醒自己：人们倾向信任一个言行一致、诚实守信、遵循一定道德原则的人。

2. 中国的社会信任正在从人际信任转向制度信任

伍麟等学者对中国社会治理进程中的信任变迁进行了研究，认为中国的社会信任正处于从人际信任向制度信任变迁的过程中，而当代中国的制度信任仍处于初级阶段。

传统的中国社会是面对面的社会，人与人之间以面对面的交流为主，社会信任主要体现为人与人之间的信任。现代社会中，网络成为社会交往的主流形式，这是一种背对背的交流。传统的人际信任已经不能满足社会秩序的需要，我国社会的信任正在向制度信任发展。

当前中国的制度信任具有鲜明的时代特征，特别是具有以下两个特点：一是央强地弱，二是部门差异。许多社会心理学的研究发现，我国的政府信任结构是典型的央强地弱，人们对中央政府的信任度最高，其次是省级政府，之后是地市政府，排在末位的是县区和乡镇政府。学者们认为，这种差序模式的形成与人民对各级政府的了解程度和认可程度相关。我们可以通过电视、网络等方式了解中央政府的惠民政策，特别是在信息传递非常便捷、政府信息公开越来越完善的当下，人们有多种渠道直接了解中央政策，而且能够认同这些政策是在为人民实实在在谋福利，因此对中央政府的信任度较高。但是，中央政策在逐级执行过程中，越到基层越容易受到其他复杂因素的影响，导致“上有政策、下有对策”，甚至有些很好的政策，到了基层却变成“歪嘴和尚念经”，不仅没有给人民带来好处，反而激化了矛盾，使得人们对地方政府的信任度逐级降低。部门差异是指人们对于政府在抗震救灾、义务教育、养老保险、医疗保险等方面有比较满意的态度，而对食品安全监管、环境保护、户籍制度和慈善事业的满意度比较低，即对不同政府部门的信任程度不同。

各级公职人员应当特别重视制度信任。已有研究发现，制度信任对老百姓的消费行为、环境治理的参与、新农保缴费、政治参与等方面都有很好的正面影响。由于国家力量的强制保障，制度信任能够帮助人们自觉遵守现有的规则，使其服从各个机构和各个部门做出的约束性决策。换言之，中国的社会治理进程需要培育公民理性成熟的制度信任。

3. 中国正在从低信任社会走向高信任社会

美籍日裔学者弗朗西斯·福山（Francis Fukuyama）认为，从信任的角度可以将国家划分为两种类别：一种是高信任社会国家，另一种是低信任社会国家。他认为，高信任社会国家的典型特征是一种成熟的社会，社会合作成本低、互惠共赢的伙伴关系占主导。而低信任社会的国家，则是以熟人、圈子、裙带关系等作为社会运行的基本特征。

福山认为，在这两种类型的国家里，社会信任的半径不一样。高信任社会的国家社会信任半径大，人们可以通过参与公共事务来获得更加丰富的社会资本，而这些资本又能够帮助个体获得更多的社会资源、发展机会、重要信息、社会支持和经济援助。而低信任社会的信任半径小，人们的社会活动局限在以血缘和熟人关系为基础的社会网络里，所能够获取的公共资源有限，参与公共社会事务的积极性和对社会制度的信任度也较低。

我国社会主义现代化建设的目标是把中国建设成为一个富强、民主、文明、和谐、美丽的现代化强国。现代化的重要特征之一就是建设成高信任社会。在这样的社会形态中，每一个社会成员都有机会获得更多的资源、充分发挥自己的潜能。在这个过程中，一方面要培养人们的理性信任，另一方面是要培养人们对于制度的认同和信任，这两点是建设一个高信任社会所不可或缺的。

| 改变行为的助推研究 |

我们总是想要改变别人的行为。父母想改变孩子的行为，希望孩子更好地学习，有更好的生活习惯。教师想改变学生的行为，希望学生能够提高学习成绩、遵守课堂纪律、全面发展。领导想改变下属的行为，希望下属的工作效率更高、工作态度更好。政府也在不断地想方设法改变人民的行为，希望人民的行为更适应社会发展需要，有更高的文明水平。世界卫生组织认为，当前影响人们健康和寿命的最主要的因素是生活行为习惯。要形成健康的、可持续发展的生活方式，也需要有行为的改变。

改变行为绝非易事。获得过诺贝尔经济学奖的理查德·塞勒（Richard Thaler），他的出色研究就是运用心理学方法，巧妙地使得人们的行为发生改变，称之为“助推”。他出版了专著来介绍助推研究，也有中文版本，感兴趣的读者可以阅读。在本节中，我们通过几个例子来感受一下助推的威力，了解如何掌握人的心理规律，并使行为不知不觉地发生改变。

1. 助推计划

传统的经济学认为人是理性的，总是使用有计划的、自觉的理性思维系统地做出合理决策。获得过诺贝尔经济学奖的赫伯特·西蒙（Herbert A. Simon）对此提出质疑，并证明了人是“有限理性”的。他运用认知心理学研究成果，发现人们在决策时会受到个体差异和外部环境的影响，既不可能、也不情愿寻找复杂问题的最优解决方案，以使期望效用最大化。

那么，在现实生活中，在经济决策中，如何帮助人们避免或躲开认知偏差、尽可能做出明智决策呢？理查德·塞勒和卡斯·桑斯坦（Cass Sunstein）提出了“自由主义家长制”指导下的助推计划。这个计划是在不动用法律、经济、政策等手段的情况下，在保证人们自由选择的前提下，利用人性中的“系统性行为偏差”进行设计，以低成本、低副作用，甚至无副作用的方式引导人们的决策，帮助生活中易犯错的人们做出更好的选择，活得更健康、更富有、更幸福。

举个例子解释一下系统性行为偏差。假设你进入超市，看到卖肉的窗口有两块肉，一块写着“30%是肥肉”，一块写着“70%是瘦肉”，你会选择买哪一块？相当多的人会选择70%是瘦肉的肉，而事实上这两块肉并没有区别。这就是系统性行为偏差，即某种情境下大部分人都会表现出的行为偏差。这是存在于人群中的社会心理规律。当然，可能会有商家利用这种行为偏差，诱导人们增加消费。但是，助推计划的动机和目的是运用好心理规律，引导人们做出国家和社会更提倡、更鼓励，同时对自己更有好处的行为。

2. 群体的影响

有一个研究是在美国明尼苏达州做的，研究目的是改变人们的纳税行为。实验者向四组纳税人发出了四类信息。第一组人被告知他们交的税主要用于教育、安全、消防等公益事业；第二组人被警告说，如果不照章纳税就会受到惩罚；第三组人被告知，如果他们不知道怎么填纳税申请单，会有人去帮他们填；而最后一拨人只是被告知，有超过90%的明尼苏达人已经完全按照税法的规定纳了税。你猜，这四种不同的信息中，哪种信息更有用？

结果显示，在这四种方法中，只有最后一种方法收到了良好的效果。很多人对纳税有着错误认识，不愿意主动照章纳税，而当他知道身边的绝大部分人已经做到这一点时，他就不太可能去逃税了。

3. 数字的威力

还有一项研究是哈佛大学公共卫生学院进行的，他们的调查发现大学生酗酒现象比较严重。在进行调查之前的两周时间里，有大约 44% 的大学生有过量饮酒的行为。在调查过程中，研究人员分析了原因，发现学生们都高估了酗酒现象的普遍程度，也就是说学生们觉得酗酒的人很多，但实际上酗酒现象并没有他们所认为的那样普遍。这种认知现象叫“易得性偏见”，指的是人们会想象一些问题的严重程度，主观地夸大认识，自己接触得多，就认为这些问题普遍存在。

发现了易得性偏见以及统计数字对人们行为的影响后，一些政府部门开始尝试利用这个心理规律，用助推的方法去影响别人。美国蒙大拿州发起了一场教育运动，希望让大家认识到大部分人并不喝酒。他们在蒙大拿的学校里贴广告，告诉学生们，81%的蒙大拿州大学生每周喝酒的次数少于 4 次，70%的蒙大拿州青少年不吸烟。这些数字大大提高了社会对于不良问题的正确认识，同时也大大降低了不良行为的发生率。

4. 默认选项的重要性

器官短缺是全世界都面临的一个严峻问题。李纾等研究者很关注这个问题，并且尝试用“默认选项”等助推研究方法来推动解决这个问题。

数据统计显示，截至 2018 年 3 月 28 日，中国公民逝世后自愿捐献器官累计 16 523 例，实现捐献器官 446 505 个，然而全国每年有约 30 万因器官功能衰竭而等待移植的患者，这两者之间存在严重的供需失衡，如何才能提高中国的器官捐献数量？

默认选项是指当一个人还没有做出决策时所要接受的选项。这体现在器官捐献领域两种不同的捐献制度上，一种是传统的“决定参加制度”，另一种是“决定退出制度”。决定参加制度，默认每个人都不是潜在的器官捐献者，需要主动去选择是否捐献器官。决定退出制度，默认每个人都是潜在的器官捐献者，需要主动去选择不愿意捐献。在实际操作中，器官捐献往往需要“填表”。“决定参加制度”是指要在表格上勾选自己是否愿意捐献器官、捐献什么器官。“决定退出制度”是默认填表人愿意捐献器官，如果不愿意捐献，才需要在表格上做相应的勾选。这两种默认选项制度对器官捐献的影响有多大呢？数据显示，在“决定退出制度”的国家中，超过90%的公民选择成为器官捐献者，而在“决定参加制度”的国家中，平均仅有不到20%的公民选择成为器官捐献者。

当然，任何一种制度都要经受法律和伦理的考验，尤其是器官捐献领域的决定退出制度，实际上这是在重新定义死者器官的所有权，由亲属拥有转移到了政府拥有。同时还要考虑文化是否允许。无论如何，默认选项和助推研究为我们提供了一种新的思路，在希望人们做出更有利于社会的行为时，可以考虑通过符合法律和伦理前提的默认选项，来提高人们的参与度。

塞勒的《助推》一书中还有很多精彩的例子，阐述了助推研究在什么条件下，可以引导人们行为发生改变。如果对这个主题感兴趣，可以从那本书中获得更多启发、找到更多答案。

| 信息时代的舆情应对 |

我们已经步入信息时代，这个时代背景正在影响着中国政治、经济和社会生活的方方面面。适应信息时代的发展要求，在国家治理工作中善于使用信息技术和方法来提升治理能力，成为我国治理体系与治理能力现代化的重要内容之一。信息时代的挑战是全方位的，掌握信息时代的信息传播规律，了解信息影响人的心理和行为的规律，特别是在社会治理中尊重和运用好这些规律，是公职人员应当特别重视和加强学习的内容。

1. 信息传播方式影响社会互动

美国著名社会心理学家库尔特·卢因（Kurt Lewin）是传播学的奠基人之一。1947 年，他在《群体生活的渠道》一文中提出了著名的“把关人（gatekeeper）理论”。他研究了群体中的信息传播，认为信息流动的渠道中存在着把关人和标准。只有当信息内容符合群体规范或价值标准时，才能够进入传播渠道，而政府、媒体管理者就在扮演着把关人的角色。

进入信息时代，卢因在传统媒体时代提出的理论已经不能够再指导社会实践了。在全媒体传播、海量信息瞬间快速传递的当下，传统的把关人的角色正在弱化，每个人都可以是信息的生产者、传递者和接受者。区块链的出现使得信息传播特征及规律发生了很大改变。信息传播方式不仅改变了把关人的角色，而且改变着社会交往的方式，改变着个体与个体、个体与群体、群体与群体之间的互动方式，并重构着社会心理。公职人员如果意识不到这个变化，还在试图发挥传统的把关人角色，试图通过对信息传播渠道的把控而影响信息传播，这种管理行为不仅难以实现对信息传播的影响，还可能带来负面影响和消极后果。随着时代的变化，把关人角色更应该发挥的作用是利用不断提升的信息技术，为大众提供更便利、更准确、更有价值的信息，并在这个过程中实现更有效的社会治理。

2. 信息时代的谣言传播

在信息时代，谣言产生和蔓延的速度非常快，而且很容易引发群体心理恐慌甚至群体性事件。谣言的背后，往往是一些别有用心的人为了某些目的而故意制造和传播谣言。例如，中伤诽谤某人、为某事造势、转移注意力、引起公众恐慌等。特别是突发危机事件发生时，往往会伴随一些谣言传播，很可能引发个体甚至公众的心理恐慌、经济损失和其他不能预料的事件。

传统媒体时代，谣言传播主要是口口相传，传播速度和传播范围相对局限，并且随着时间的推进，对个体和群体的影响力会逐渐下降，对社会稳定性的影响相对较小。而在全媒体时代，谣言通过微信、微博、电子邮件、其他社交平台等迅速传播，呈现集中爆发和病毒式扩散的趋势，对社会稳定的影响很大。近年来，国家加强了对网络造谣、虚构事实、恶意传播等的法律约束和监管，但仍然难以杜绝此类事件，特别是当造谣传谣既成事实时，往往也已经产生了恶劣的社会影响。因此，公职人员应重视认识全媒体时代的谣言传播及其心理规律。

谣言的产生和传播，首先与事件本身直接相关，特别是当一件事很重要，而事件相关信息很模糊、公众对事件的了解程度很有限时，谣言就有了滋生的土壤。而如果事件与安全、健康等相关，还可能引发公众的恐惧、焦虑等消极情绪，若政府不能及时发布信息或公众对处理危机事件的组织不信任时，谣言更容易被传播。

风险事件容易引发心理恐慌。心理学家保罗·斯洛维奇（Paul Slovic）用心理测量方法研究人们的风险恐慌，认为可以从由两个指标构成的四个象限来对各种风险事件进行评判。一个指标用来说明风险是不是可控，另一个指标用来说明风险是不是可知（即是否熟悉），也就是对风险事件的忧虑。二者构成了四个象限：可知可控的风险、可知不可控的风险、不可知可控的风险、不可知不可控的风险。

当风险事件发生时，可以通过风险事件的典型信息在这个坐标系上的位置来分析人们对风险事件的认知，并及时通过有针对性的媒体信息传播来降低恐慌。以非典疫情的风险认知为例，时勘等学者基于斯洛维奇的理论，研究了民众对非典的风险认知。在由熟悉性、可控性两个指标构成的四象限的风险认知地图上，标识并分析了与非典有关的各类信息，如病因、传染性、治愈率、预防效果、愈后效果等。在非典发展的不同阶段，老百姓对相关信息的风险认知情况不一样。随着时间的推移，这些信息在风险认知地图上的位置有所变化。研究者据此提出了改进媒体信息报道的建议，加强宣传老百姓非常关心但不熟悉、不可控的信息，这些研究工作为政府妥善处置非典疫情引发的社会恐慌发挥了重要作用。譬如，2003 年 5 月之后，政府加强了关于非典传染性、预防措施、治愈情况等方面的宣传，使老百姓能够迅速接触、熟悉和掌握这些知识，因此对非典疫情的恐慌逐步下降。新型冠状病毒肺炎疫情发生后，关于风险认知的研究再次证明了这些风险认知规律，也再次提醒我们要重视信息传播的特点，善用心理规律来进行风险管理。

3. 大数据与社会治理

信息时代还有一个典型特征是现实世界与网络世界交织，通过各种智能设备的互联互通，使人类行为和社会运行的痕迹以数据形式存在，为社会心理行为的研究提供了大数据，为社会治理提供了新思路和新方法。

以社会态度为例。一方面，网络平台为了解个体和群体的社会态度提供了新的方法；另一方面，也为影响和引导个体与群体的社会态度提供了新的平台。

传统的社会调查通常使用问卷调查、入户访谈等方法了解基本情况，需要较长时间和大量成本。互联网技术的发展使得通过网络行为来了解心理特征成为可能。已经有很多研究表明，可以通过网络行为对用户的心理特征进行识别，包括通过社会态度计算模型等实现对网络用户的性格特点、社会态度、舆论走向的分析和预测。可以通过对网络用户的年龄、性别、受教育水平，使用网络平台的行为模式，在社交媒体上的语言、情感表达及使用习惯，与其他用户的交互等，有效获取和了解公众的社会态度。

加强学习、善用媒体对公职人员开展工作十分重要。网络空间已经成为人们生产生活的新空间，也应该成为我们凝聚共识的新空间。正如习近平总书记所强调的："媒体融合发展不仅仅是新闻单位的事，要把我们掌握的社会思想文化公共资源、社会治理大数据、政策制定权的制度优势转化为巩固壮大主流思想舆论的综合优势"，"各级领导干部要增强同媒体打交道的能力，不断提高治国理政能力和水平"。①

| 呵护绿水青山的祖国 |

大自然是永不枯竭的吗？环境保护是政府的责任，还是个人的责任？环境保护是环保部门、环保干部的责任，还是每个公民的责任？

1973 年，动物心理学家康纳德·洛伦兹（Konrad Lorenz）获得诺贝尔医学与生理学奖，同年，他出版了著名的《文明人类的八大罪孽》一书。他在书中写出了人类在进化过程中，在为人类争取更多生存发展资源的同时，对自然和社会造成的八个方面的"罪孽"，以此警示后人不要重蹈覆辙。八大"罪孽"之一就是对生存空间的破坏，本节开篇的第一个问题正是洛伦兹提出的。

洛伦兹在半个世纪前预警的问题，现在正是摆在每一个人面前的严肃现实。世界上大部分的原始森林已经被人类砍伐殆尽，主要海洋渔场的年补货量在逐年递减，全球变暖和资源枯竭正在威胁着我们的未来。

① 习近平. 加快推动媒体融合发展 构建全媒体传播格局. 求是，2019，6：4-8

各个国家和政府对环境保护的重视程度不一样，因此有了第二个问题和第三个问题。也许绝大多数人都会回答，环境保护是每一个人的责任。但是，我们每一个人都真正做到保护环境了吗？公职人员在自己工作范围内的决策和行为，能够注意到和做到保护环境吗？

正如洛伦兹所言，人类与环境之间关系的变化，比所有其他物种都要快得多，而且这种变化与人类在科技方面的进展成正比，而科技进步的速度又在以几何级数增长。环境心理学家特别关注环境对人的心理和行为的影响。大自然塑造着人类、养育了人类，人类却在用盲目而残忍的方式破坏大自然。我们已经意识到了这个问题，想要保护大自然，我们所面临的挑战是：每个人都应该意识到环境保护的重要性，每个人都应该懂得如何保护环境。那么，如何让大家都能对环境保护产生自觉意识，在每个人的生活行为、工作行动中产生自觉行为呢？

1. 人类的进化偏好自然环境

假设在你面前摆着五张图片：第一张是热带雨林，森林茂密、大树参天、藤萝缠绕、瀑布飞泻、溪水奔腾；第二张是温带落叶林，树木高耸、枝叶繁盛、林间一条小径通向远方，秋风吹落了片片黄叶，点缀着小径；第三张是针叶林，比如巍巍的大兴安岭，松柏苍劲、苔藓厚重、茫茫林海、郁郁葱葱；第四张是非洲疏林草原，草丛茂密、间或点缀着几棵树，天高云淡、极目天舒；第五张是沙漠，一望无际的沙漠。

如果让你选择更愿意生活在哪种环境中、更愿意去哪种环境旅游，你会选第几张图片？

环境心理学家分别让三年级、六年级和九年级的学生，以及大学生、老年人、林业工作者做选择，你猜他们的选择是什么？

这个实验是想了解人类对自然环境的偏爱。我们都知道，进化论假设人类祖先来自非洲，在东非的疏林草原上度过了漫长的进化历程。那么，是不是人类会更喜欢疏林草原？或者说，如果生活在类似于疏林草原这样的环境中，我们是否会更加感觉到身心愉悦？

实验结果证实了这个假设。小学生对疏林草原的偏爱显著超过了对其他环境的偏爱，13～15 岁的中学生和经常接触自然环境的成年人也更偏爱疏林草原，而老年人对此偏爱程度比较低。

这个实验是在 1982 年进行的，实验结果发表以后引起了很多关注，也引发了很多后续研究。有的研究再次验证了这个结果，但也有一些研究发现人类对自然环境的偏好受很多复杂因素的影响。例如，更喜欢自然的、而不是人工制造的疏林草原环境，对植物、生态、自然环境没兴趣或缺少基本知识的人，在做选择时没有明显的偏好。

虽然不同的人可能喜欢不同类型的自然环境，但是总体来说有一个比较一致的结果，人们，尤其是生活在城市里的人们，更喜欢自然环境。而且，接触自然环境更有利于我们的身心健康，能够缓解疲劳和心理压力，能够促进疾病康复。

在实验中，我们可以自由选择我们喜欢的自然环境，但在现实生活中，是自然环境塑造和选择了我们。虽然人类创造了灿烂的文明、发挥了极大的能动性，已经使得我们的栖息场所从洞穴发展到现在各种各样的建筑物，但是，建筑物的最本质的特征跟洞穴没有两样，还是遮阴避寒、保护我们。如果要感受到身心愉悦，对于建筑物的装饰，我们仍然最喜欢偏向于自然环境的一些特征。房间里的挂画、绿植，庭院的设计，都体现着这个特点。因此，保护自然环境，保护绿水青山的祖国，不应该是被动的行为，而是每一个人为了让自己生活得更好、有一个更好的栖息场所，应该付出的努力和采取的主动行为。

2. 环境保护行为重在日常和细节

政府出台了很多保护环境的政策，但归根到底，这些政策的实施和效果还在于每个人的环保意识和行为。环境心理学家认为，要促进人们的环境保护行为，可以通过“先行干预”和“后继干预”两大类方法来发挥作用。先行干预，重点是对环境保护的教育，通过态度改变、提示等方式实现；后继干预，重点是采取奖励、惩罚、反馈等措施。

环境保护教育很重要，而且特别重要的是要让人们知道什么问题属于环境问题、环境问题的实质是什么、应该做出什么样的行为来保护环境，而不是简单地要求人们做到某种环境保护行为。在进行环境保护教育的社会实践中，如果忽视了这三个方面中的任何一个方面，教育的效果都会大打折扣。

环境保护的提示，指的是各种便利、醒目、能够让人及时看到的符号和信息。这一点我们已经比较熟悉了，如生活环境中很常见的“人走关灯”“绿草青青、脚下留情”“吸烟有害健康”“节约用水、人人有责”等。还有一些提示信息更具体，例如，告诉人们垃圾应该往哪里扔、把水龙头开小一点更节水。

环境保护提示如果利用好心理学规律，能够更好地发挥作用。研究人员发现，如果对垃圾桶进行巧妙设计，可以大大提高利用率。美国的一个大学在足球馆附近放置的垃圾桶，设计成学生踢球时常戴的帽子的形状，这样的垃圾桶很容易引起学生关注，也有效提高了垃圾投放行为。还有一些环保行为不像扔垃圾那么直接和外显，但是也可以通过巧妙的设计去引发人们的环境保护行为。例如，有一个设计是在房间里安了一盏灯，如果在室内温度 20 摄氏度以下还开着空调，这个灯就会亮起来，提示应该关掉空调了，这个措施可以节能 15%。

奖励和惩罚这些环境保护的后继干预措施也很重要。要让这些措施要真正发挥作用，有一些心理规律可以借鉴。例如，在引导人们做出环境保护行为时，常用的方法是金钱奖励或处罚。研究发现，经济措施对大型机构更有用，而对个人行为的影响并不像我们所想象的那么大。如果法律或制度不允许较大金额的奖励或处罚，那么人们很难感受到激励，也不会因为惩罚而觉得“肉疼”。既然起不到效果，还不如把成本投入到先行干预措施上。

环境信息反馈，指的是当人们做出环境保护行为后，通过一定的方式把信息反馈给大家，让人们知道环保行为已经产生了效果、我们做得很好。与金钱奖励和处罚相比，环保信息反馈对个人的影响比对机构的影响更大。我们在提倡一些具体的环保行为时，如果能够对每个人所做出的贡献提供及时的反馈，会收到比较好的巩固环保行为的效果。例如，在单位或学校里回收废旧纸张，如果每天都在废旧纸张回收处张贴信息，说明昨天回收了多少、为减少树木消耗做了多少贡献，这些反馈信息能有效增加废旧纸张的回收率。

除了先行干预和后继干预这些比较传统的环保行为干预方法，随着科学技术的发展，也有一些超越传统方法的创新举措，特别是通过替代能源、技术革命、设备更新等方法，可以使原有能源消耗水平下降，这也是在改善环保行为、提升环保效果。我们期待科技的快速发展能够给人们提供更多的物质和福利，消耗更少的原材料，带来更少的污染。

环境保护既是政府的责任，也是每一个公民的责任，更是公职人员应当关注的责任。每个人都是生态环境的保护者、建设者、受益者，没有哪个人是旁观者、局外人、批评家，谁也不能只说不做、置身事外。要增加大家的环保行为，可以充分利用心理学的研究成果，尊重心理规律，巧妙地引导行为，让环境保护意识深入人心，让环境保护行为成为自觉行为。

| 共建友善安全的社会 |

当今世界正在经历百年未有之大变局。在大发展大变革大调整的背景下，中国的发展理念、发展道路、发展模式的影响力和吸引力显著增强。一个国家的发展受到世界环境的影响，每个人的发展也会受到所处环境的影响。

著名心理学家布朗芬布伦纳（Urie Bronfenbrenner）提出的生态系统理论很有影响力。他认为一个人的发展受到一系列环境系统的影响，这个环境系统是一组嵌套结构，就像俄罗斯套娃一样。环境层次的最内层是微观系统，主要指家庭、幼儿园、学校、同伴。第二个层次是中间系统，主要是家庭和兄弟姐妹的相处模式、学校和同学之间的游戏关系，以及教师的教育方式。第三个层次是外层系统，如工作环境、生活的社区环境。第四个系统是宏观系统，包括文化、亚文化和社会环境。每个人都在塑造着环境，每个人也都在受环境影响。因此，全面的心理建设也需要从微观至宏观各个层次推进。本书第一章是总论，随后四章分别从个体、家庭、工作、社会四个层面介绍影响心理健康的因素、提出心理建设的建议。在全书的最后一节，笔者要重点呼吁公职人员重视心理学的重要作用，在提升自身心理健康素养的同时，在开展国家治理的具体工作中，尊重自身的心理特征和行为规律，尊重人民的心理特征和行为规律，学习心理学、运用心理学，更好地推进工作，提升获得感、安全感、幸福感。

1. 从社会管理到社会治理

党的十八届三中全会提出："全面深化改革的总目标是完善和发展中国特色社会主义制度，推进国家治理体系和治理能力现代化。"党的十九届四中全会审议通过了《中共中央关于坚持和完善中国特色社会主义制度 推进国家治理体系和治理能力现代化若干重大问题的决定》，要求筑牢中国长治久安的制度根基。

国家治理体系是在党领导下管理国家的制度体系，包括经济、政治、文化、社会、生态文明和党的建设等各领域体制机制、法律法规安排；国家治理能力则是运用国家制度管理社会各方面事务的能力，包括改革发展稳定、内政外交国防、治党治国治军等各个方面。

社会管理和社会治理只有一字之差，但内涵差别很大。理解这个差别，对于公职人员的社会治理实践来说很重要。在国际上，社会治理的研究兴起于 20 世纪 90 年代。原联邦德国总理威利·勃兰特（Willy Brandt）等提议成立了全球治理委员会（Commission on Global Governance），随后，"治理"的理念引起了广泛兴趣。学者们认为，"治理"不同于传统意义上的"管理"或"统治"，"治理"更强调社会的各类主体共同参与社会管理，是对不同利益主体的调和并推动不同利益主体采取联合行动，使社会治理更有利于社会发展。

国内学者的看法与之相似，认为社会治理是党和政府、社会组织、公民等多元治理主体在相互信任的基础上，为实现公共利益，就社会事务管理而相互博弈、协商、合作的互动过程，包括治理理论、治理技术和治理手段多个层面的统一。

社会治理对公职人员提出了更高要求，即必须转变工作理念，从传统的自上而下实施社会管理的理念，转变为调动更多社会主体的积极性、共同参与社会治理的理念。而这一理念的实施，意味着对公职人员的社会治理能力提出了更高要求，也对公职人员的心理建设——无论是对自己的心理建设，还是运用心理学原理去实现面向个体、群体、社会的心理建设，提出了更高要求。

2. 社会治理中的心理学问题

社会治理理念的提出体现了党和国家执政理念的创新，以及从传统的一元、线性的管理模式，向共建共治共享的社会治理范式转变的思路。这一转变在治理主体、治理方式、治理手段、治理目标上都有创新，而这四个方面也都涉及复杂的社会心理问题。

就治理主体来说，社会治理强调在坚持党领导一切的前提下，倡导多元主体的协同共治。要真正实现多元主体的协同共治，就必须对各类治理主体在组织与管理过程中的个体及群体心理特点有深入的了解。

就治理方式来说，社会治理更强调协商民主的方式。协商民主是在中国共产党领导下，人民内部各方面围绕改革发展稳定的重大问题和涉及群众切身利益的实际问题，在决策之前和决策实施中，开展广泛协商，努力形成共识的民主形式。要推进社会主义协商民主，就要懂得决策心理，重视不同利益群体表达诉求的心理，激发人民群众参与讨论的意识和能力。以决策心理为例，有一种群体决策过程中经常出现的共性心理规律——“群体极性”，类似于我们俗话说的“走极端”。在集体讨论做决策的过程中，往往会出现走极端的情况，即对于一个趋向于保守的决策，经过集体讨论以后可能更保守；而对于一个趋向于冒险的决策，经过集体讨论以后可能更冒险。多元主体参与社会治理的重要方式之一就是集体讨论决策。因此，公职人员有必要了解群体决策过程中可能出现的心理规律，尽量用好规律，避免因不了解、不尊重规律而导致形成错误决策。

社会治理手段是有极大创新空间的主题。各类社会治理主体，在各种社会治理领域中探索和尝试着社会治理手段的创新。例如，社区、社工、社会组织“三社联动”的治理手段；充分发挥物联网等信息技术，建设智慧社区、智慧城市等公共服务平台的智能化治理手段；倡导传承良好家风、推进精神文明建设等柔性社会治理手段。而且，共建共治共享的社会治理更强调依靠社会规范与社会自主调节能力。那么，这些具体的、创新的手段是否符合人民群众的心理需要？是否适应人民群众的认知特点和行为规律？因此，在掌握一定心理规律的前提下，探索社会治理手段创新，是预防风险、提高治理效率的基础。

社会治理的目的，首要是维护社会稳定、保障国家安全。国家安全和社会稳定是改革发展的前提。社会治理涉及复杂的社会心理规律，在一定时期内表现出一些典型的社会心理问题。公职人员应善于在社会治理实践中发现和把握核心的社会心理问题，即“抓主要矛盾”，并将之作为一定时期、一定领域内加强心理建设的关键任务。

3. 将心理学原理运用于社会治理实践

2019 年 3 月 1 日，习近平总书记在中央党校（国家行政学院）中青年干部培训班开班式上的讲话中指出，理论学习要做到“学、思、用贯通，知、信、行统一”[①]。这是习近平总书记深刻总结成功经验的学习哲学，也是将心理学原理运用于社会治理实践的学习方法。

学、思、用贯通这一要求符合我们人类基本的心理特征，尤其是认知特征。人类的基本认知过程包括感觉、知觉、注意、学习、思维、决策等关键环节和要素。进行理论学习时，一个新的知识点摆在我们面前，首先，我们要看到这个知识点，让它通过感觉和知觉通道进入我们的大脑。然而这只是学习的第一步，接下来还需要让知识点进入我们的记忆系统。人类的记忆包括三种类型：瞬时记忆、短时记忆和长时记忆，即前文提到的感觉记忆系统、短视记忆系统和长时记忆系统。瞬时记忆只能停留几秒或更短的时间，在大脑中一闪而过。短时记忆可以保持几十秒，譬如下棋时记得前一步的走法。如果想真正记住一个知识点或信息，则需要让这个信息进入我们的长时记忆系统，这个过程不会自然发生，需要我们“学、思、用”相结合，通过多种方法来巩固记忆。我们每天要接触大量信息，大脑会聪明地选择那些我们认为重要的信息，在反复回忆的过程中，在认真思考这个信息的过程中，在生活和工作中不断用到这个信息的过程中，记忆逐渐巩固，从感知觉这些基本认知过程，进

① 新华社. 习近平在中央党校（国家行政学院）中青年干部培训班开班式上发表重要讲话. 党建，2019，3：4-5

入思维、决策等高级认知过程。在不断巩固记忆的过程中，知识点逐渐内化；在指导实践的过程中，我们所获得的信息逐渐成为行动的自觉。

“知、信、行统一”这一要求不仅符合人类的基本心理特征，也是对我们学以致用的行为指导。新知识、新理念、新信息进入我们的长时记忆系统，我们对其有所了解，这是认知过程。影响人类行为的，除了偏“理性”的认知过程，还有偏“感性”的情绪情感过程。我们在情感上是否接受新知识、价值观上是否认同新理念，这些也会对行为产生影响。如果理性认知、情感认同都具备了，还需要行为上一致，即“知行合一”，否则极有可能导致认知失调，带来认知上的混淆、情绪上的痛苦、行动上的混乱。公职人员学习心理学知识，应当善于把心理学原理运用于国家治理实践之中，在学习过程中结合工作实践深入思考、不断总结、知行统一，既掌握理论，又指导实践。

全面加强心理建设，需要在个体、家庭、群体和社会等不同层面有针对性地开展工作。公职人员尤其要重视这一点，不要把心理建设简单地看作是对自己或对某个人的心理建设，而应关注整个社会在个体、群体、社会、文化、民族等不同层面的心理特征和表现。此外，还应注意不要把心理建设的作用扩大化。中国特色社会主义事业的总体布局是“五位一体”，经济、政治、文化、社会、生态文明建设全面推进。在落实“五位一体”总体布局的各项具体工作中，公职人员要有清醒认识，既不能忽视心理建设对其他建设的积极支撑作用，也不能把改革发展中一些尖锐的、难以突破的问题归结为心理问题。错误归因，只可能导致错误结果。只有掌握科学心理学、正确运用心理学，才能够真正实现满足人民美好生活需要，切实提升获得感、幸福感、安全感的目标。

参 考 文 献

车文博. 西方心理学史. 浙江：浙江教育出版社，1998：461-462.

陈雪峰. 社会心理服务体系建设的研究与实践. 中国科学院院刊，2018，3：308-317.

陈雪峰. 突发事件后的心理应对. 心理与健康，2020，8：6-8.

陈雪峰. 心理服务助推全面脱贫和乡村振兴. 中国科学院院刊，2020，35（10）：1290-1297.

陈雪峰，滕迪晴，陈晶，等. 基础社会动机与社会心理服务体系建设. 心理科学进展，2020，1：1-9.

樊耘，庄稼，纪晓鹏，等. 组织文化的形成与流变. 西安交通大学学报（社会科学版），2008，28（1）：31-35.

范合生，李三辉. 新媒体时代的社会心理重构. 理论界，2014，4：183-185.

方方，蒋毅，李兴珊，等. 认知心理学：探索人类的智能. 中国科学院院刊，2012，27：13-21.

傅小兰. 加强社会心理服务体系建设. 人民论坛，2017，11：124.

傅小兰，荆其诚. 心理学与经济、科学技术发展的关系. 心理学报，1994，2：208-218.

傅小兰，张侃，陈雪峰. 心理健康蓝皮书：中国国民心理健康发展报告（2017—2018）. 北京：社会科学文献出版社，2019：95-133.

国务院发展研究中心人力资源研究培训中心课题组. 公务员压力与心理健康现

状调查. 西部大开发，2012，8：67-68.
何莞婷，寇彧. 西方婚姻沟通研究进展述评. 心理科学进展，2010，11：1808-1813.
黄庆波，杜鹏，陈功. 成年子女与老年父母间代际关系的类型. 人口学刊，2017，4：102-113.
兰公瑞，李厚仪，盖笑松. 人生目的：一个能预示积极发展的心理结构. 心理科学进展，2017，25（12）：2192-2202.
李路路，石磊. 经济增长与幸福感——解析伊斯特林悖论的形成机制. 社会学研究，2017，3：95-120.
马春华. 中国城市家庭亲子关系结构及社会阶层的影响. 社会发展研究，2016，3：44-70.
马德勇. 信任、信任的起源与信任的变迁. 开放时代，2008，4：72-86.
聂平平，王伟. 以协商民主推进共建共治共享. 人民日报，2018 年 3 月 2 日.
孙中山. 建国方略. 北京：生活·读书·新知三联书店，2014：4.
王芳，刘力，许燕，等. 聚焦重大社会现实问题的社会心理学研究. 中国科学院院刊，2012，s1：98-107.
王俊秀. 中国社会心态研究 30 年. 郑州大学学报（哲学社会科学版），2017，4：10-16.
王俊秀，刘晓柳. 现状、变化和相互关系：安全感、获得感与幸福感及其提升路径. 江苏社会科学，2019，1：41-49.
伍麟，万仞雪，曹婧甜. 中国社会治理进程中的信任变迁. 中国科学院院刊，2017，2：157-165.
谢晓非，王逸璐，顾思义，等. 利他仅仅利他吗？——进化视角的双路径模型. 心理科学进展，2017，9：1441-1455.
杨宜音. 个体与宏观社会的心理关系：社会心态概念的界定. 社会学研究，2006，4：117-131.
杨玉芳，孙健敏. 心理学的学科体系和方法论及其发展趋势. 中国科学院院刊，

2011，6：611-619.

余嘉元. 心理测量学：心理学皇冠上的数学明珠. 中国科学院院刊，2012，s1：209-215.

张丽瑶，王忠军. 退休规划的研究现状和本土化发展. 心理科学进展，2019，2：251-267.

张珊珊，谢晋宇，吴敏. “蜜糖裹砒霜”：善意性别偏见对女性生涯发展的影响. 心理科学进展，2019，27（8）：1478-1488.

郑蕊，周洁，陈雪峰，等. 研究社会心理行为，推进社会管理创新. 中国科学院院刊，2012，27（1）：24-30.

中国心理学会. 2016-2017 心理学学科发展报告. 北京：中国科学技术出版社，2018：4.

朱力，朱志玲. 当前社会心态的特征及变化趋势. 人民论坛，2015，12：16-20.

Balling J D，Falk J H. Development of visual preference for natural environments. Environment and Behavior，1982，14（1）：5-28.

Buehler R，Griffin D. Change-of-meaning effects in conformity and dissent：Observing construal processes over time. Journal of Personality and Social Psychology，1994，67：984-996.

Buist K L，Vermande M. Sibling relationship patterns and their associations with child competence and problem behavior. Journal of Family Psychology，2014，28：529-537.

Christensen A，Shenk J L. Communication，conflict，and psychological distances in nondistressed，clinic，and divorcing couples. Journal of Consulting and Clinical Psychology，1991，59：458-463.

McMillan D W，Chavis D M. Sense of community：A definition and theory. Journal of Community Psychology，1986，14：6-23.

Olmstead R E，Guy S M，O’malley P M，et al. Longitudinal assessment of the relationship between self-esteem，fatalism，loneliness，and substance abuse.

Journal of Social Behavior and Personality，1991，6：749-770.

Parlee M B. The friendship bond. Psychology Today，1979：43-54.

Roberts L J. Fire and ice in marital communication：Hostile and distancing behaviors as predictors of marital distress. Journal of Marriage and the Family，2000，62：693-707.

Romeo R，Knapp M，Scott S. The economic cost of severe antisocial behaviour in children and who for pays it. British Journal of Psychiatry，2006，188：547-553.

Rowan A N，Rollin B E. Animal research—for and against：A philosophical，social，and historical perspective. Perspectives in Biology & Medicine，1983，27：1-17.

Scott S，Knapp M，Henderson J，et al. Financial cost of social exclusion：Follow up study of antisocial children into adulthood. British Medical Journal，2001，323：191-194.

Steel P. The nature of procrastination：A meta-analytic and theoretical review of quintessential self-regulatory failure. Psychological Bulletin，2007，133（1）：65-94.